Kerstin Dopatka

Bedeutung und Möglichkeiten von Öffentlichkeitsarbeit in Nichtregierungsorganisationen

Magisterarbeit
an der Universität Bremen
Fachbereich Kulturwissenschaft
Juli 2001 Abgabe

D1697962

Diplom.de

Diplomica GmbH ──────────
Hermannstal 119k ──────────
22119 Hamburg ──────────

Fon: 040 / 655 99 20 ──────────
Fax: 040 / 655 99 222 ──────────

agentur@diplom.de ──────────
www.diplom.de ──────────

ID 4789

ID 4789
Dopatka, Kerstin: Bedeutung und Möglichkeiten von Öffentlichkeitsarbeit in
Nichtregierungsorganisationen / Kerstin Dopatka - Hamburg: Diplomica GmbH, 2001
Zugl.: Bremen, Universität, Magister, 2001

Diplomica GmbH
http://www.diplom.de, Hamburg 2001
Printed in Germany

Diplom.de

Wissensquellen gewinnbringend nutzen

Qualität, Praxisrelevanz und Aktualität zeichnen unsere Studien aus. Wir bieten Ihnen im Auftrag unserer Autorinnen und Autoren Wirtschafts-studien und wissenschaftliche Abschlussarbeiten – Dissertationen, Diplomarbeiten, Magisterarbeiten, Staatsexamensarbeiten und Studien-arbeiten zum Kauf. Sie wurden an deutschen Universitäten, Fachhoch-schulen, Akademien oder vergleichbaren Institutionen der Europäischen Union geschrieben. Der Notendurchschnitt liegt bei 1,5.

Wettbewerbsvorteile verschaffen – Vergleichen Sie den Preis unserer Studien mit den Honoraren externer Berater. Um dieses Wissen selbst zusammenzutragen, müssten Sie viel Zeit und Geld aufbringen.

http://www.diplom.de bietet Ihnen unser vollständiges Lieferprogramm mit mehreren tausend Studien im Internet. Neben dem Online-Katalog und der Online-Suchmaschine für Ihre Recherche steht Ihnen auch eine Online-Bestellfunktion zur Verfügung. Inhaltliche Zusammenfassungen und Inhaltsverzeichnisse zu jeder Studie sind im Internet einsehbar.

Individueller Service – Gerne senden wir Ihnen auch unseren Papier-katalog zu. Bitte fordern Sie Ihr individuelles Exemplar bei uns an. Für Fragen, Anregungen und individuelle Anfragen stehen wir Ihnen gerne zur Verfügung. Wir freuen uns auf eine gute Zusammenarbeit.

Ihr Team der Diplomarbeiten Agentur

Diplomica GmbH
Hermannstal 119 k
22119 Hamburg

Fon: 040 / 655 99 20
Fax: 040 / 655 99 222

agentur@diplom.de
www.diplom.de

Inhaltsverzeichnis

Verzeichnis der Abbildungen und Tabellen

Verzeichnis der Abkürzungen

ai	amnesty international
BMZ	Bundesministerium für wirtschaftliche Zusammenarbeit und Entwicklung
BSP	Bruttosozialprodukt
DED	Deutscher Entwicklungsdienst
DRK	Deutsches Rotes Kreuz
EBÖ	Entwicklungsbezogene Öffentlichkeitsarbeit
ECOSOC	Economic and Social Council
EU	Europäische Union
FAZ	Frankfurter Allgemeine Zeitung
GfbV	Gesellschaft für bedrohte Völker
GP	Greenpeace
GTZ	Gesellschaft für Technische Zusammenarbeit
IP	Indianerhilfe Paraguay
KfW	Kreditanstalt für Wiederaufbau
KMU	Kleine und mittelgroße Unternehmen
NGO	Non Governmental Organisation
NPO	Non Profit Organisation
NRO	Nichtregierungsorganisation(en)
NSO	Nichtstaatliche Organisation
ÖA	Öffentlichkeitsarbeit
PR	Public Relations
PVO	Private and Voluntary Organisation
RACE	Research, Action, Communication, Evaluation
tdh	terre des hommes
UN	United Nations
UNESCO	United Nations Educational, Scientific and Cultural Organization
UNO	United Nations Organisation
VENRO	Verband Entwicklungspolitik Deutscher Nichtregierungsorganisationen
VN	Vereinte Nationen
WAZ	Westdeutsche Allgemeine Zeitung

I.   Einleitung

In der folgenden Arbeit sollen die Bedeutung und die Möglichkeiten von Öffentlichkeitsarbeit in Nichtregierungsorganisationen untersucht werden. Die Untersuchung wird dabei in drei grundsätzlichen Schritten vorgenommen. a) ein theoretischer Teil über Nichtregierungsorganisationen, ihre Definition und Bedeutung in der heutigen Gesellschaft, sowie über den Begriff der Öffentlichkeit und der Öffentlichkeitsarbeit, b) ein analytischer Teil, der sich mit dem Umgang mit der Öffentlichkeit, also der Öffentlichkeitsarbeit auf Seiten der Nichtregierungsorganisationen beschäftigt, c) einer Analyse dessen, ob theoretische und von Seiten der Organisationen selbst gestellte Ansprüche mit der tatsächlichen Arbeit übereinstimmen, wo Probleme und Grauzonen liegen und wie und ob diese gegebenenfalls gelöst werden können

Der zweite Teil wird dabei sowohl empirisch, als auch inhaltlich untersucht werden. Zu diesem Zweck habe ich sechs Organisationen aus zum Teil unterschiedlichen Arbeitsgebieten und von unterschiedlichen Größen ausgewählt, die über dementsprechend unterschiedliche Mittel und Kapazitäten verfügen *amnesty international*, das *Deutsche Rote Kreuz*, die *Gesellschaft für bedrohte Völker*, *Greenpeace*, die *Indianerhilfe Paraguay* und *terre des hommes*. Als Untersuchungsmaterialien dienten hierbei zum einen jegliche Art von Eigenpublikationen (Magazine, Selbstdarstellungen, Broschüren, Satzungen, etc) sowie Untersuchungen von Medienbeiträgen zu bestimmten Themen / Organisationen. Außerdem war das Internet ein wichtiger Faktor bei der Beschaffung und Sichtung weiterer Informationen.

Zusätzlich zu den bereits genannten Quellen habe ich versucht, mittels Interviews mit und Fragebögen an die entsprechenden Verantwortlichen der deutschen Organisationszentralen, weitere Arbeitsweisen und Problemfelder der Organisationen zu erforschen, wobei ich bereits zu Beginn auf erste Probleme traf Nahezu alle Organisationen wiesen auf mangelnde Kapazitäten hin, was sich darin auswirkte, daß sie bestenfalls bereit waren, telefonische Interviews durchzuführen. *Greenpeace* erklärte umgehend, daß sie weder in der Lage seien, Interviews zu geben, noch einen individuellen Fragebogen auszufüllen. Sie boten ihre Hilfe aber insofern an, als daß sie sehr ausführliche Informationsmaterialien zur Verfügung stellten und zumindest

Einzelfragen beantworteten. Andere Organisationen, wie das *Deutsche Rote Kreuz* benötigten insgesamt fünf Monate und ein regelmäßiges Nachhaken, ehe sie meinen Fragebogen beantworteten Die *Gesellschaft für bedrohte Völker* hingegen erklärte sich zu einem ausführlichen Telefoninterview bereit, das sehr aufschlußreiche Ergebnisse bot.

Diese doch stark unterschiedliche Kooperationsbereitschaft führte letztendlich dazu, daß einige der Fragen nach wie vor offen geblieben sind, ich werde an den entsprechenden Stellen darauf hinweisen. Einige Punkte, wie etwa die Evaluation medialer Beiträge, konnten nur exemplarisch untersucht werden. Eine vollständige Auswertung aller Medien ist nahezu unmöglich und würde den Rahmen dieser Arbeit bei weitem sprengen Die Anzahl an lokalen, regionalen und überregionalen Printmedien, TV- und Radiosendern ist zu breit gefächert und sehr unüberschaubar Der Versuch herauszufinden, wer zu welchem Zeitpunkt über welche Organisation berichtete, kann daher nur auf einzelne Medien angewendet werden Auch die Organisationen selbst und die entsprechenden Medienvertreter sahen sich dazu größtenteils nicht in der Lage. Selbst wissenschaftliche Statistiken stehen diesbezüglich nicht zur Verfügung oder beschränken sich ebenfalls auf eine Auswahl an Periodika oder Sendern.

Im Hinblick auf das Veranstaltungs- und Aktionswesen stellte sich das Problem (und hiermit spreche ich in Grundzügen bereits eines der generellen Probleme in der Öffentlichkeitsarbeit von Nichtregierungsorganisationen an), daß die Organisationszentralen zwar Auskunft über die von ihnen geplanten und durchgeführten Aktivitäten darstellen konnten, sie aber gleichzeitig in einem sehr großen Umfang auf die Arbeit ehrenamtlicher Mitglieder in Orts- und Regionalgruppen aufbauen, deren Aktivitäten sie jedoch nicht immer kontrollieren oder dokumentieren Das gesamte Spektrum ist daher umfangreicher, als die Beispiele, die von den Organisationen aufgezeigt werden und auch hier läßt sich etwa die Anzahl der Veranstaltungen nicht genau nachvollziehen. In der aktuellen Literatur ist der Bereich des Direktkontakts und Veranstaltungswesens (von Nichtregierungsorganisationen) nahezu komplett ausgeschlossen. Zum Zeitpunkt meiner Untersuchungen lagen keine wissenschaftlichen oder theoretischen Abhandlungen zu diesem Gebiet vor, aus diesem Grunde fußt dieser Teil nahezu ausschließlich auf meinen eigenen Betrachtungen und Untersuchungen der Organisationen.

Letztendlich werden verschiedene Strategien und Motivationen der Öffentlichkeitsarbeit aufgezeigt werden, mit deren Hilfe die Organisationen ihre unterschiedlichen Ziele verfolgen. Dabei wird sowohl die Frage der Effektivität dieser Vorgehensweise, als auch die Frage der eigentlichen Intentionen angesprochen werden, so daß im letzten Schritt die tatsächliche Bedeutung, die Möglichkeiten, aber auch die Art und Weise des Einsatzes von Öffentlichkeitsarbeit in Nichtregierungsorganisationen geklärt werden.

II.   Theoretische Erläuterungen zu Nichtregierungsorganisationen, Öffentlichkeit und Öffentlichkeitsarbeit

1. Nichtregierungsorganisationen (NRO) – Definition, gesellschaftliche Zusammenhänge und Strukturen

1.1 Bestimmung des Begriffs der Nichtregierungsorganisation

Eine genaue Bestimmung des Begriffs der Nichtregierungsorganisation (NRO) fällt aufgrund einer Vielzahl unterschiedlicher und teils konträrer Darstellungen recht schwer. Gleichzeitig besitzt dieser Begriff viele Äquivalente Am häufigsten wird wahrscheinlich die internationale Bezeichnung der Non Governmental Organisation (NGO) benutzt. Nichtstaatliche Organisation (NSO) und Private and Voluntary Organisation (PVO)[1] sind mehr oder weniger häufig verwendete und verwandte Begriffe Aber auch die Non Profit Organisation (NPO) wird häufig (wenn auch nicht immer richtig) mit NRO gleichgesetzt

Bei Definitionsversuchen kommt es häufig zur irreführenden Beschränkungen auf einzelne Organisationssparten So heißt es beispielsweise in einem Aufsatz der *Paritätischen Organisation*

> „ *[NRO] sind Vereine, Stiftungen oder andere gemeinnützige Zusammenschlüsse, die sich für die Belange von Menschen in Afrika, Asien oder Lateinamerika einsetzen. Ein besonderes Merkmal ihrer Arbeit ist die Nähe zu den armen und benachteiligten Bevölkerungsgruppen in den Entwicklungsländern durch die Zusammenarbeit mit Nichtregierungsorganisationen dort. Das unterscheidet sie von der staatlichen Entwicklungszusammenarbeit, die auf Vereinbarungen zwischen Regierungen beruht.*"[2]

Hier ist mit der Entwicklungshilfe ein sehr eng begrenzter Bereich der Nichtregierungsorganisationen aufgegriffen, der alleine auf keinen Fall das gesamte Spektrum von NRO wiedergibt.

---

[1]Bertrand Schneider: *Die Revolution der Barfüßigen (Ein Bericht an den Club of Rome)*, Wien 1986, S. 103
[2] im Internet: http://www paritact.org/bengo/1100 htm. *„Bengo und die NRO"*, 07.02.2001

In anderen Publikationen werden Nichtregierungsorganisationen als ein Nachfolgemodell der „neuen sozialen Bewegung" gesehen.[3] Hiergegen spricht in erster Linie die Tatsache, daß die beiden Formen in unterschiedlichen Organisationsstrukturen / -formen auftreten Auch die geschichtliche Entwicklung widerlegt die oben genannte Hypothese, da viele Jahre ein Nebeneinander beider Formen stattgefunden hat. Charakteristika der „neuen Sozialen Bewegung" sind laut Klaus von Beyme *„der Protest als Handlungsmotiv, die größere Heterogenität der Zusammensetzung und die Pluralität der Überzeugungen ihrer Anhänger/innen".*[4] Organisationsformen sind nur in geringem Maße oder gar nicht fest geregelt Nichtregierungsorganisationen hingegen weisen feste Strukturen und Organisationsformen auf (in Deutschland sind sie meist als eingetragener Verein vertreten). Sie können entweder der Neuen Sozialen Bewegung ähnlich einen Protestcharakter besitzen oder eine bürgerinitiierte Ergänzung staatlicher Aufgabengebiete vertreten[5].

Inhaltlich wie organisatorisch gesehen läßt sich die Masse der NRO kaum auf einen Nenner bringen Auch der Begriff an sich gibt nur wenig Aufschluß zur Begriffsklärung Der Name Nichtregierungsorganisation sagt lediglich, daß es sich zum einen um eine Organisation handelt, die keine Regierungsorganisation ist Dementsprechend könnten alle Organisationen, Institutionen und Einrichtungen darunter fallen, die nicht dem Regierungsapparat angehören. Es handelt sich hierbei um eine Kritik die auch Joachim Hirsch in seiner Abhandlung „Das demokratisierende Potential von 'Nichtregierungsorganisationen'" aufgreift, die er im Folgenden als ein „*Catch-All-Word*" bezeichnet.

> *„Das „Nicht" bezeichnet jedenfalls viel eher eine widersprüchliche Bestimmung denn eine klare Positionierung innerhalb des gesellschaftlich-politischen Gefüges "*[6]

Jörg Bergstedt äußert sich zur Definition der NRO in seinem Kurzessay „NGO" folgendermaßen:

> *„... einen verbindenden Begriff für alle Organisationen, die nicht an der Regierung selbst beteiligt sind, aber dort bestimmte Interessen vertreten ... Dazu*

---

[3] Joachim Hirsch. *Das demokratisierende Potential von Nichtregierungsorganisationen*, Wien 1999, S. 1

[4] Klaus von Beyme. *Neue soziale Bewegungen und politische Parteien*, in· Aus Politik und Zeitgeschichte. Beilage zu der Wochenzeitung DAS PARLAMENT 44/1986, S 35

5 Vgl. Karl-Ernst Pfeifer. *Nichtregierungsorganisationen – Protagonisten einer Entwicklungspolitik?*, Hamburg / Münster 1992, S. 43

[6] Hirsch 1999, S. 2

gehören die Umweltverbände, die Gewerkschaften, Kirchen, alle Firmen und deren Zusammenschlüsse sowie viele mehr"[7]

Wichtig ist für Bergstedt auch die „*Denklogik*"

> „*... durch sie wird sichtbar, daß nicht die jeweilige Organisationsform, sondern eine bestimmte Handlungsstrategie das „NGO"-Dasein definiert.*"[8]

Für ihn zählt also weniger Form oder Aufbau der Struktur einer NRO / NGO, sondern ihre Strategien und Ziele. Eine hierarchisch aufgebaute Organisation kann demnach genauso gut eine NRO sein wie eine basisdemokratisch organisierte Einrichtung, eine Organisation mit 5 Mio Mitgliedern genauso gut wie eine mit 500.000.

Erstmals benutzt wurde der Begriff der Non Governmental Organisation (NGO) anscheinend 1946 von den Vereinten Nationen im Rahmen der ersten Generalversammlung, während der diese die Bedeutung der Arbeit von NRO für die UN betonte. Weiter ausgeführt und definiert wurde dies 1968 vom *Economic Council* (*ECOSOC*) in der Resolution 1297, in der eine offizielle Zusammenarbeit unter den folgenden Kriterien beschlossen wurde

- „*Share the ideals of the UN Charter,*
- *Operate solely on a not-for-profit basis;*
- *Have a demonstrated interest in the United Nations issues and proven ability, to reach large or specialised audiences, such as educators, media representatives, policy makers and the business community;*
- *Have the commitment and means to conduct effective information programmes about UN activities by publishing newsletters, bulletins, and pamphlets; organizing conferences, seminars and round tables; and enlisting the co-operation of the media.*"[9]

Überdies hält sich die UNO an die folgende Definition

> „ *A non-governmental organization (NGO) is a non-profit, voluntary citizens' group, which is organized on a local, national or international level Task orientated and driven by people with a common interest; NGOs perform a variety of services and humanitaria functions, brig citizens' concerns to Governments, monitor policies and encourage political participation at the community level. They provide analysis and expertise, serve as early warning mechanisms and help monitor and implement international agreements. Some are organized around specific issues, such as human rights, the environment or health Their relationship with offices and agencies of the United Nations System differs depending on their goals, their venue and their mandate* "[10]

---

[7] Jörg Bergstedt. „*NGO*", im Internet: http://www thur de/philo/uvungo html, 21.01.2001
[8] Ebd.
[9] Im Intnernet: http://www.un org/partners/civil-society/ngo/ngos-dpi.htm, 11.01.2001
[10] Ebd.

In Artikel 71 der UNO-Charta wird Nichtregierungsorganisationen, die die hier festgelegten Kriterien erfüllen, ein sogenannter „Konsultativstatus" zuerkannt - dies allerdings ausschließlich für den Wirtschaft- und Sozialrat (ECOSOC) der UNO. Dieser „Konsultativstatus" ist in drei Kategorien unterteilt[11].

- I. general consultive status: für Organisationen, die sich mit der Mehrzahl der
  Aktivitäten des ECOSOC befassen
- II special consultive status für Organisationen, die spezifische Beiträge in einigen Gebieten des ECOSOC leisten können
- III Listen- / Rosterstatus: für alle übrigen

Die Rechte, die den Organisationen dabei zuerkannt werden, variieren vom Rederecht über das Recht auf Verbreitung von Stellungnahmen als offizielles UN-Dokument bis hin zum Vorschlagsrecht für Tagesordnungspunkte.[12]

Überdies führt Karl-Ernst Pfeifer die Punkte Ressourcentransfer (Finanzierung durch Spendengelder und andere nichtstaatliche Mittel) sowie die gesellschaftliche Verankerung („*ein Zusammenschluß von Personen, deren Handlungsmotivation nicht durch eigene, sondern stellvertretend durch die Interessen Dritter sowie gemeinsam geteilte Weltorientierung bestimmt wird* ") an.[13]

Zusammenfassend lassen sich also jene Definitionskriterien festhalten, die Nichtregierungsorganisationen zumindest einen gemeinsamen Rahmen geben Dazu gehören:

- Gemeinnützigkeit / Non-Profit-Charakter
- Staatliche Unabhängigkeit
- Strukturierte Organisationsform (irgendeiner Art)
- Kapazitäten an Fachkenntnissen / -leuten
- Ressourcentransfer
- Gesellschaftliche Verankerung
- Zivilgesellschaftlich initiiert

Während mit diesen Kriterien zumindest ein äußerer Rahmen gegeben ist, fällt der Widerspruch der zugehörigen Interessengebiete größer aus Pfeifer nimmt hierzu eine

---

[11] Vgl. im Internet: http://www.bundesregierung.dc: Außenpolitik VN und Globale Zusammenarbeit: Nichtregierungsorganisationen *Nichtregierungsorganisationen und die Vereinten Nationen*, 12 02.2001
[12] Vgl ebd.
[13] Vgl Pfeifer 1992 , S. 3 ff.

grobe Unterteilung in vier Typen von Nichtregierungsorganisationen vor, bei denen es allerdings zu thematischen Überschneidungen kommen kann:[14]

1. Kirchliche Organisationen
2. Nichtkommerzielle, private Organisationen überörtlicher Bedeutung (z.B.: *DRK, terre des hommes*)
3 Politische Stiftungen
4 Entwicklungspolitische Aktionsgruppen

Ein Widerspruch wird an dieser Einteilung deutlich, wenn diese etwa mit der Definition des BMZ verglichen wird, die politische Stiftungen, ihrer Parteiennähe wegen, aus dem Bereich der Nichtregierungsorganisationen ausschließt [15]

Joachim Hirsch bezieht zudem Interessengruppen privatwirtschaftlicher Unternehmen (z.B Gewerkschaften) mit ein.[16] Im Gegensatz zu Pfeifer nimmt Hirsch eine Unterteilung nach primären Arbeitsaufgaben der NRO vor[17]:

• NRO mit Hauptaufgabe in Problemdefinition
• NRO mit Hauptaufgabe in agenda setting[18]
• NRO mit Hauptaufgabe in Lobbyarbeit
• NRO mit Hauptaufgabe in praktischer Projektarbeit

Zusammenfassend erscheint es logisch, die Nichtregierungsorganisation als eine zivilgesellschaftliche Interessengruppe zu bezeichnen, die unter den oben genannten Rahmenbedingungen agiert.

1.2 Gesellschaftliche Gründe für Nichtregierungsorganisationen

Über die Ursachen, die gerade in den 1970er / 1980er Jahren zu einer starken Zunahme von Nichtregierungsorganisationen geführt haben, sind sich die meisten Autoren einig – sie sehen den Grund in einem relativen „*Staatsversagen*"[19] oder zumindest in einer Überforderung des Staates, sich mit dem breiten Spektrum an sozialem Handeln

---

[14] Ebd., S. 9 ff
[15] Vgl. Bundesministerium für wirtschaftliche Zusammenarbeit· *journalistenhandbuch*, Bonn 2000, S. 236
[16] Vgl Hirsch 1999, S 3
[17] Vgl. ebd , S. 4
[18] Die Bestimmung und Auswahl von Themen / Interessengebieten zwecks einer (medialen) Verbreitung und Thematisierung innerhalb der Bevölkerung – vgl. Scott P Robinson· *Media-Agenda-Setting*, im Internet. http://www.niu.edu/newsplace/agenda html, 10 5.2001
[19] Hirsch 1999, S 4

angemessen auseinanderzusetzen. So urteilt Bertrand Schneider über die Arbeit der Regierungen:

> *„Ihre schwerfälligen, oft bürokratischen Strukturen können sich nicht den unzähligen Facetten einer so komplexen Realität anpassen, nicht bis zu den Dörfern der Allerärmsten, zu den entlegensten Gebieten, vordringen.“*[20]

Der Vorteil einer NRO wird also in ihrer Flexibilität und Mobilität gesehen Die schnelle Aktion vor Ort bietet hier die wahre Hilfe Die oben bereits angesprochenen „sozialen Bewegungen" haben sich zum Teil fester organisiert und professionalisiert und sind somit bedingt auch in die Form der Nichtregierungsorganisation übergetreten Sie befassen sich mit Interessen, die von staatlicher Seite gar nicht, oder nur gering abgedeckt werden. Auch der Protestcharakter kann hier weiter aufrecht erhalten oder oppositionelle Positionen zu staatlichem Handeln eingenommen werden. Deutschland ist ein gutes Beispiel für ein Land, in dem nationale Schwerpunkte neu gesetzt und festgelegt worden sind Hier sei die neue Situation nach dem Niedergang des Ostblocks genannt. So heißt es in einem Papier des Ausschusses für Entwicklungshilfe

> *„Mehrere Jahre nach der Wiedervereinigung hat Deutschland immer noch mit den politischen, sozialen und wirtschaftlichen Folgen dieses Ereignisses zu kämpfen ... Vor diesem Hintergrund der Sorgen „zuhause", steht die internationale Entwicklung zur Zeit nicht im Mittelpunkt der öffentlichen Diskussion in Deutschland.“*[21]

Nachfolgend wird erklärt, daß aufgrund innerdeutscher Schwerpunkte andere soziale und solidarische Tätigkeiten den internen Problemen untergeordnet werden

Joachim Hirsch führt als weiteren Punkt eine Globalisierung an, die von einer generellen Internationalisierung von Waren und Dienstleistungen sowie den Finanz- und Kapitalmärkten begleitet ist und auch den Kommunikations- und Informationsfluß auf dieser neuen Ebene ansiedelt.[22] Das Ergebnis ist ein geringerer Handlungsspielraum des einzelnen Staates und das Auftreten grenzüberschreitender Probleme, die nicht allein auf nationaler Ebene gelöst werden können.

---

[20] Schneider 1986, S 102
[21] OECD: *Politik und Leistungen der Mitglieder des Ausschusses für Entwicklungshilfe – Deutschland,* Paris 1995, S 7
[22] Vgl. Hirsch 1999, S. 5

Weiterhin betont Hirsch die *„Verwissenschaftlichung der Politik"*[23], die in der Konfrontation mit der Bevölkerung eine entsprechend professionelle Reaktion erfordert, um auf diese eingehen und Einfluß nehmen zu können. Das Beispiel der UNO und dem von ihr vergebenen Konsultativstatus für Organisationen unterstützt diese Aussage.

Auch individuelle Gründe, wie die der christlichen Verantwortung bei kirchlichen Organisationen[24] oder der Versuch des Aufbaus eines weitreichenden (internationalen) Austausches von Erfahrungen, Perspektiven und Informationen sollten bei den Entstehungsgründen von Nichtregierungsorganisationen berücksichtigt werden

Festzuhalten bleibt an dieser Stelle eine zunehmende internationale (globale) Vernetzung, die eine zentrale Aufgabensteuerung von gesellschaftlichen Interessen nahezu unmöglich macht und daher zu einer Aufspaltung und Untergruppierung verschiedener Spezialisten und Interessenvertreter führen muß Interessenschwerpunkte des Staates führen zu der Vernachlässigung anderer Interessenpunkte. Zusammen mit einer Überforderung und einem Mangel an Flexibilität und Spontaneität führen diese Punkte zu Ergänzungs- und Oppositionsangeboten, die Nichtregierungsorganisationen abzudecken versuchen.

1.3 Tendenzen in der Entwicklung von Nichtregierungsorganisationen

Die UNO hat das Jahr 2001 zum „Jahr des Ehrenamtes" erklärt. Es scheint als würde nicht nur die (Welt)Bevölkerung die Regierungsarbeit als unzureichend sehen, sondern als hätten auch die Regierungen (und supranationale Organisationen) einen zusätzlichen Handlungsbedarf zu der eigenen Arbeit erkannt. Dies kann auf der einen Seite als ein Beweis der staatlichen Überforderung gesehen werden, auf der anderen Seite aber auch als eine einfache Lösung zur Einsparung staatlicher Mittel und Energien Positiv gesehen könnte es sich um einen Appell an eine neue Menschlichkeit im Zeitalter der Globalisierung handeln, negativ gesehen, um einen Rückzug staatlicher Verantwortung. Prof Dr Peter Glotz sieht noch andere Aspekte, die sich auf die Veränderungen im Bereich der Nichtregierungsorganisationen auswirken können In seinem Vortrag „Non-Profit-Organisationen in der beschleunigten Gesellschaft", der im Rahmen des 7 Deutschen Fundraising-Kongresses in Leipzig gehalten wurde, weist er auf die sich

---

[23] Ebd.
[24] Vgl Pfeifer 1992, S. 5

verändernden, gesellschaftlichen Strukturen innerhalb der heutigen Informationsgesellschaft des „*digitalen Kapitalismus*" hin.[25] Den Ausgangspunkt bildete hier die Annahme der Entstehung eines gesellschaftlichen, klassengeprägten Zweidrittelblocks, der sich in eine größere, finanzstarke und kapitalistisch ausgerichtete Schicht mit hohem Einkommen und in eine kleinere, sozial schwache Schicht mit hoher Arbeitslosigkeit oder Teilzeitbeschäftigung, unterteilt. Seine Vermutung geht dahin, daß diese kleinere Schicht sich im Zuge der Entwicklungen neue Aufgaben und Lebensinhalte suchen wird, die auf „*ganzheitlichen Konzepten der Lebensführung*" basieren werden.[26] Dieses wird sich, so Glotz, neben einer neuen Konzentration auf das familiäre und private Leben, auch auf Tätigkeiten in Bereichen der Sozialarbeit, des Umweltschutzes, des Gesundheitswesens, der Ausbildung, der Rechtshilfe, der Wissenschaft, der Kunst und des Spiels, auswirken. So schreibt er

> „*Die Idee geht dahin, gemeinnützige Tätigkeiten als grundsätzliche Alternative zu traditionellen Arbeitsverhältnissen, zum (erst 200 Jahre alten) Jobsystem aufzuwerten ... Er [der dritte Sektor] wird sehr viele, gut ausgebildete und argumentationsfähige Menschen anziehen. In ihm wird ein wichtiger Teil des intellektuellen Lebens in der Gesellschaft des digitalen Kapitalismus stattfinden.*"[27]

Auch wenn Glotz in seiner Rede nicht direkt auf Nichtregierungsorganisationen eingeht, so schließt die von ihm aufgezeichnete Tendenz NRO als einen Teil der Non-Profit-Organisationen oder des dritten Sektors mit ein.

Die Zahl der allgemein als Nichtregierungsorganisationen bezeichneten Institutionen ist jedoch in den letzten Jahren kontinuierlich gestiegen, so daß es derzeit nur vage Schätzungen über genaue Zahlen gibt. Das Deutsche Spendeninstitut z B verzeichnete im Jahre 2000 Einträge von 8537 Spendenorganisationen.[28] Klaus Neuhoff hingegen geht von allein 91 000 Vereinen aus, die den sechs Spitzenverbänden der freien Wohlfahrtspflege angeschlossen sind.[29] Dabei muß natürlich auch weiterhin berücksichtigt werden, daß nicht jede Spendenorganisation aus den oben genannten

---

[25] Vgl Prof. Dr Peter Glotz. *Non-Profit-Organisationen in der beschleunigten Gesellschaft,* Vortrag im Rahmen des 7 Deutschen Fundraising-Kongresses, 7 4.2000
[26] Ebd.
[27] Ebd.
[28] Deutsches Spendenorganisationen. im Internet: http://www.dsk.de/rds/rdsstati.htm, 11 12 2000
[29] Vgl. Klaus Neuhoff: *Nonprofits weiter im Aufwind – 450.000 Vereine im Lande*, in bsm-Newsletter, 2/1999, S.10

Definitionsgründen auch gleichzeitig eine NRO ist und nicht jede NRO auch eine Spendenorganisation (wie z.B. Gewerkschaften)

1.4 Die Beziehung zwischen NRO und Staat in der BRD

Auch wenn eines der Hauptkriterien für Nichtregierungsorganisationen die staatliche Unabhängigkeit ist, so basiert ein beträchtlicher Teil der Arbeit vieler NRO doch auf staatlichen Zuschüssen und Förderprogrammen. Die Bundesarbeitsgemeinschaft Sozialmarketing errechnete, daß Non Profit Organisationen sich zu 64% aus Zuwendungen der öffentlichen Hand finanzieren.[30] Auch wenn der Bereich der Non-Profit Organisationen nicht deckungsgleich mit dem der NRO ist, so ist die Schnittmenge doch groß genug, um diese Kalkulationen grob auf NRO zu übertragen.

In Deutschland werden die meisten Fördergelder an NRO vom Bundesministerium für wirtschaftliche Zusammenarbeit und Entwicklung (BMZ) vergeben. Hier ist das BMZ Ansprechpartner und Förderer von Kirchen, politischen Stiftungen und anderen Entwicklungsprojekten für humanitäre Hilfe, Nahrungsmittelhilfe und freiwillige entwicklungspolitische Bildung Über die zwischenstaatliche Institution Deutscher Entwicklungsdienst (DED) werden Entwicklungshelfer ausgebildet und versandt. Aber auch andere Ministerien können entsprechend ihrer Ausrichtung Ansprechpartner und Förderer sein Das Auswärtige Amt unterstützt NRO-Projekte im Bereich der Bildung und kulturellen Zusammenarbeit, während die Verwaltungsstellen der Länder und Gemeinden Projekte von NRO und anderen privaten Institutionen für Ausbildung und Erziehung sowie technischer Zusammenarbeit fördern [31]

Die folgenden Zahlen sollen einen ersten Aufschluß über die Entwicklung der Ausgaben des Bundesministeriums für wirtschaftliche Zusammenarbeit und Entwicklung (BMZ) in den letzten zehn Jahren geben.

---

[30] Im Internet: http://www.sozialmarketing.de/zahlen.htm, 16.03.2001
[31] Vgl OECD 1995, S 24

Tab.1: *Ausgaben des BMZ-Haushaltes*

Jahr	Ausgaben (Soll) BMZ-Haushalt	Veränderungsrate gegenüber Vorjahr	Anteil am Brutto-nationaleinkommen / BSP	Anteil am Bundeshauhalt
1990	7,685 Mrd. DM	+ 8,1 %	0,42 %	1,94 %
1991	8,110 Mrd. DM	+ 5,5 %	0,40 %	1,98 %
1992	8,317 Mrd. DM	+ 2,6 %	0,38 %	1,96 %
1993	8,423 Mrd. DM	+ 1,3 %	0,36 %	1,84 %
1994	8,220 Mrd. DM	- 2,4 %	0,33 %	1,71 %
1995	8,103 Mrd. DM	- 3,1 %	0,32 %	1,70 %
1996	8,144 Mrd. DM	+ 0,5 %	0,30 %	1,80 %
1997	7,651 Mrd. DM	- 6,1 %	0,28 %	1,72 %
1998	7,666 Mrd. DM	+ 0,2 %	0,26 %	1,68 %
1999	7,763 Mrd. DM	+ 1,3 %	0,26 %	1,60 %
2000	7,102 Mrd. DM	- 8,5 %	0,23 %*	1,46 %
2001	7,224 Mrd. DM	+ 1,7 %	0,23 %*	1,51 %
2002	7,108 Mrd. DM**	- 1,6 %	0,23 %*	1,46 %
2003	7,004 Mrd. DM**	- 1,5 %	0,22 %*	1,41 %
2004	7,004 Mrd. DM**	0 %	0,22 %*	1,39 %

Die mit * versehenen Angaben sind geschätzt.
Die mit ** versehenen Angaben beruhen auf der von der Bundesregierung im Juni 2000
verabschiedeten mittelfristigen Planung
Quelle· VENRO. *Aktuelle Information – Aufwärtstrend oder Mogelpackung?* [32]

Eine weitere Tabelle gibt Auskunft darüber, welchen Institutionen welcher Anteil der
hier zur Verfügung stehenden Gelder in den Jahren 2000 / 2001 zugeteilt wurden und
werden soll:

Tab. 2: *Verteilung des BMZ-Etats*

Titel	Baransatz 2001 (Soll)	Baransatz 2000 (soll)
687 03 Sozialstrukturhilfe	34 Mio. DM	34 Mio. DM
684 01 Entwicklungspol. Bildung	5,8 Mio. DM	5,8 Mio. DM
687 06 Private Träger	34 Mio. DM	34 Mio. DM
687 25 Nothilfe	140 Mio. DM	140 Mio. DM
896 04 Kirchen	275 Mio. DM.	275 Mio. DM
687 02 Ziviler Friedensdienst	19 Mio. DM	15 Mio. DM

Quelle VENRO. *Aktuelle Information – Aufwärtstrend oder Mogelpackung?* [33]

Die beiden Tabellen zusammengenommen zeigen, daß von den gesamten Ausgaben für
Entwicklungshilfe und wirtschaftliche Zusammenarbeit in den Jahren 2000 und 2001
(7,102 Mrd. DM / 7,224 Mrd. DM) jeweils etwa 7 % an nichtstaatliche Organisationen
vergeben werden. Ebenso demonstriert Tabelle 1, daß die Ausgaben des BMZ,
gemessen an dem Einkommen des Bruttosozialproduktes in den letzten 10 Jahren

---

[32] VENRO: *Aktuelle Information – Aufwärtstrend oder Mogelpackung?,* im Internet
http·//www.venro org/fr-rbrief.html, 21 12.2000
[33] Ebd

deutlich gesunken sind Dieses wiederum veranschaulicht eine neue Interessenverschiebung der bundesdeutschen Regierungen. Die Frage ist, wie es zu dieser Verschiebung kommen konnte. Zwar wurde der Etat des BMZ vom Jahr 2000 zum Jahr 2001 um 1,7 % (ca 1,02 Mrd. DM) erhöht, allerdings sind für die darauffolgenden Jahre erneute Reduzierungen veranschlagt (2002: -1,6%, 2004: -1,5%) Vielversprechend klingen zwar die Worte des derzeitigen Bundeskanzlers Gerhard Schröder, der während seiner Regierungserklärung im November 1998 mitteilte:

> *„Diesen Abwärtstrend werden wir stoppen und dabei auf Effizienz und Kohärenz der Maßnahmen zur Bewältigung globaler Zukunftsaufgaben achten"* [34]

im Endeffekt ist es jedoch Fakt, daß jene 0,23 / 0,22 % des BSP bereits an sehr geringen Maßstäben festgemacht sind und die Politik der vorherigen Regierung somit weiter fortgesetzt wird Bestenfalls kann also von einer Stagnation, nicht aber von einer Verbesserung die Rede sein.

1995 förderte die Bundesregierung Programme von ca. 50 bundesweit tätigen NRO und privaten Institutionen sowie von etwa 250 lokalen und regionalen Gruppen (keine NRO im Sinne der UNO-Charta), deren Aufgabengebiet auf entwicklungspolitischer Bildung lag.[35] Laut Eigendarstellung ist ihr Anliegen

> *„Kampf gegen die Armut, . Schutz der natürlichen Ressourcen und die Bildung sowie Ausbildung der Bevölkerung in den Entwicklungsländern, aber auch Vermeidung von Krisen und anderen Katastrophen"* [36]

Entgegen dem ersten Anschein sind Arbeitsschwerpunkte wie das Gesundheitswesen, die soziale Infrastruktur, Gemeinwesen, der institutionelle Ausbau, politische Bildung, mediale / kulturelle Entwicklung, Umweltschutz und Menschenrechte in die Förderpunkte des BMZ einbezogen.[37] Es gibt zwei Durchführungsorganisationen, die sämtliche Projekte koordinieren und evaluieren: die *Kreditanstalt für Wiederaufbau* (KfW) und die *Gesellschaft für Technische Zusammenarbeit* (GTZ).

---

[34] Regierungserklärung von Bundeskanzler Gerhard Schröder, 10. November 1998, Bonn
[35] Vgl. OECD 1995, S.15
[36] Ebd., S.13
[37] Vgl. ebd , S.30

1.5 Ehrenamtlichkeit in Nichtregierungsorganisationen

Das Europäische Beobachtungsnetz für KMU (kleine und mittelgroße Unternehmen) fand heraus, daß in der Bundesrepublik Deutschland 30% der Bevölkerung ehrenamtlich in einer gemeinnützigen Organisation tätig sind. Angeführt wurde die Liste vom Vereinigten Königreich (48%), Schweden (36%) und Belgien (32%), an hinterer Stelle rangierten Spanien, Italien (13%) und Luxemburg (17%).[38] Der europäische Anteil (ermittelt aus 12 Mitgliedsländern) soll bei 25,3% liegen. Der Zuspruch, der einer unbezahlten Tätigkeit entgegen gebracht wird, ist also in vielen Ländern relativ hoch und scheint die These zur gesellschaftlichen Veränderung von Dr. Peter Glotz zu bestätigen.

Tatsächlich baut die Arbeit fast aller Nichtregierungsorganisationen auf einem hohen Anteil von freiwillig Tätigen auf In Organisationen wie der deutschen Sektion von *amnesty international* waren 1999 9530 aktive, unentgeltliche Mitglieder[39] zu verzeichnen, die einer Anzahl von 43 Festangestellten (plus 4 Zivildienstleistenden)[40] gegenüberstanden. In kleineren Organisationen wie der *Indianerhilfe Paraguay*, die ca. 150 Mitglieder aufweist, werden alle ausgeübten Tätigkeiten ehrenamtlich ausgeführt. Das *DRK* gibt sogar ein ehrenamtliches Engagement von ca. 400.000 Mitgliedern an.[41] Was unter diesem Engagement genau zu verstehen ist, welche Tätigkeitsbereiche hierunter fallen und wie kontinuierlich die Arbeit stattfindet wurde im Einzelnen nicht weiter differenziert Es ist wahrscheinlich, daß auch einmalige Einsätze in diese, doch sehr hohe Zahl, miteinbezogen wurden Nichtsdestotrotz zeigt sich bereits hier die Bedeutung, die die freiwillige Tätigkeit in der Struktur von Nichtregierungsorganisationen, einnimmt.

2. Der Begriff der Öffentlichkeit

Um Bedeutungen und Möglichkeiten der Öffentlichkeitsarbeit zu klären, sie zu analysieren und möglichst gezielt zu nutzen und einzusetzen, bleibt die Notwendigkeit der genauen Definition des Begriffs Öffentlichkeit nicht aus Was ist Öffentlichkeit, wie

---

[38] Europäische Kommission: Amt für amtliche Veröffentlichungen der Europäischen Gemeinschaft: *Das Europäische Beobachtungsnetzwerk für KMU – Sechster Bericht*, Luxemburg 2000, S. 248
[39] amnesty international: *Das Jahr `99*, Bonn 2000, S.16
[40] Vgl. im Internet: http://www.dsk de/rds/0 htm, 12.01 2001
[41] http://www drk.de/aktuelles/hitparade2001/inhalt htm, 12.01.2001

funktioniert sie, welche Elemente gehören ihr an, welche Faktoren nehmen Einfluß auf sie, und was kann sie erzielen?

In einem Artikel des Fischerlexikon „Staat und Politik" von 1964 umreißt Jürgen Habermas den Bereich der Öffentlichkeit wie folgt:

> *„Unter Öffentlichkeit verstehen wir zunächst einen Bereich unseres gesellschaftlichen Lebens, in dem sich so etwas wie öffentliche Meinung bilden kann. Der Zutritt steht grundsätzlich allen Bürgern offen "*[42]

Des weiteren weist er in dem Artikel auf die Grundvoraussetzung des Rechts auf Versammlung, Meinungsäußerung und Meinungsveröffentlichung hin So entsteht ein grober Umriß der Bedingungen und Akteure, auf denen eine Öffentlichkeit nach den Prinzipien einer demokratischen Gesellschaft basiert.

2.1 Die Konsistenz einer Öffentlichkeit

Öffentlichkeit basiert auf dem Verbund verschiedener Teilelemente, die sich im Laufe der menschlichen Geschichte bedeutend verändert haben. In dem oben genannten Artikel geht Habermas genauer auf diese historischen Veränderungen ein. So beschreibt er die Öffentlichkeit des Mittelalters als eine Form der Darstellung und Repräsentation, in der sich Herrscher vor dem Volk dargestellt haben Das, was als Öffentlichkeit bezeichnet wurde, war weniger ein Ausdruck der Allgemeinheit, als eine Demonstration und Verlautbarung herrschaftlicher Entscheidungen und Souveränität Das Interaktionsspektrum war somit auf ein Minimum beschränkt, bzw gar nicht erst vorhanden, sondern durch einen einseitigen Aktionsraum belegt

Heute hingegen sieht die Situation grundlegend anders aus. Öffentlichkeit ist heute ein, *„nach Kompetenzen geregelter Betrieb eines mit dem Monopol legitimer Gewaltanwendung ausgestatteten Apparates."*[43] Und selbst dieses Monopol ist nur bedingt von Relevanz, da in einer demokratischen Öffentlichkeit verschiedene Elemente und Akteure Einfluß auf die Öffentlichkeit haben

---

[42] Fischer Lexikon *Staat und Politik*, 1964, S.220, aus Jürgen Habermas *Kultur und Kritik*, 1973, S. 61
[43] Ebd , S 64

Nach Friedhelm Neidhardt definiert sich Öffentlichkeit über ein Kommunikationsforum, das sich aus Öffentlichkeitsakteuren und einem Publikum zusammensetzt [44] Der Unterschied zu der repräsentativen Öffentlichkeit des Mittelalters besteht dabei in dem Austausch und gegenseitigen Einfluß, den die beiden Ebenen aufeinander ausüben. Hierbei kommt die Rolle der Mediatoren ins Spiel, die als Vermittler in den Arenen der Öffentlichkeit auftreten und meistens von den Medien in Anspruch genommen werden. Eine demokratische Öffentlichkeit umfaßt also 3 elementare Grundbausteine: Öffentlichkeitsakteure, d.h a) die Sprecher einer bestimmten Gruppe, die Anliegen und ihre Ziele zum Ausdruck bringen und dafür Zustimmung gewinnen wollen, b) das Publikum, das sich aus einer möglichst breiten Bevölkerung zusammensetzen soll, c) die Mediatoren, die als Vermittler zwischen Publikum und Akteuren auftreten und somit eine Kommunikation ermöglichen.

Diese Öffentlichkeit, die auch Habermas in ähnlicher, wenn auch nicht ganz so detaillierter Weise für das Fischerlexikon „Staat und Politik" beschrieben hat, gehört heute zu der verfassungsrechtlichen Grundausstattung jeder Demokratie. Wichtigstes Kriterium ist dabei der Zugang aller Bevölkerungsteile zu Kommunikation und den Öffentlichkeitsarenen.

2.2 Kommunikationssysteme und Zielfunktionen der öffentlichen Kommunikation

Da Öffentlichkeit und Kommunikation heute zwei kaum voneinander zu trennende Konstanten bilden, die sich gegenseitig beeinflussen, ja sogar bestimmen und definieren, ist es wichtig, ihre genaueren Aufgaben und Ziele zu betrachten Aus diesem Grund hat Amitai Etzioni 1968 die Theorie der *„kybernetischen Fähigkeiten"* aufgestellt, in dem er Öffentlichkeit als Kommunikationssystem analysierte und wertete.[45] Dieses System, auf dem fast alle folgenden Theorien basieren, beruft sich auf ein Drei-Stufen-Konzept der Funktionen und Aufgaben von öffentlicher Kommunikation: a) die Transparenzfunktion, in der Themen und Meinungen zusammenkommen und allen gesellschaftlichen Gruppen zugänglich sein müssen (Input), b) der Validierungsfunktion, in der die aufkommenden Themen und Meinungen

---

[44] Vgl. Friedhelm Neidhardt (Hrsg). *Öffentlichkeit, Öffentliche Meinung, Soziale Bewegung*, Opladen 1994, S.7
[45] Vgl. Etzioni, Amitai: *The Active Society: A Theory of Societal and Political Processes*, New York 1968, S.157 ff.

diskursiv behandelt und somit verbreitet werden (Throughput), c) die Orientierungsfunktion, in der sich nach der Diskussion aufgrund einer öffentlichen Kommunikation eine öffentliche Meinung bildet (Output). Wie schon in der Definition von Habermas und den Ausführungen Neidhardts wird die Interaktion zwischen Publikum und Öffentlichkeitsakteuren aufgegriffen. Allerdings beruht Etzionis Modell auf der Hypothese des öffentlichen Diskurses und somit einer öffentlichen Diskursfähigkeit. In einem weiteren Modell, dem Spiegelmodell Niklas Luhmanns[46], wird eben diese Kritikfähigkeit kritischer gesehen. Zwar übernimmt er die Tranzparenzfunktion in sein Modell und sieht den Input als gegeben, zweifelt aber die weiteren Schritte, d h die Kristallisierung einer öffentlichen Meinung an Nach seiner Theorie spiegelt sich die Gesellschaft dermaßen in dem, was die Öffentlichkeit als Input bereits liefert, daß es zu einer Institutionalisierung dieser Themen kommt und keine neue, unabhängige Meinung gebildet werden kann.[47]

Das Diskursmodell von Jürgen Habermas und Bernhard Peters wiederum[48] sieht unter gegebenen Umständen durchaus eine Funktionserfüllung der Öffentlichkeit Diese Bedingungen setzen sich zum einen aus der bereits mehrfach erwähnten allgemeinen Offenheit von Themen, Meinungen und Akteuren, einer diskursiven Verbreitung und dem daraus folgenden kollektiven Lernprozeß sowie den letztendlichen gemeinsamen Einsichten, Problemlösungen und Zielsetzungen zusammen[49] Hierbei ist es den Autoren wichtig herauszustellen, daß die Basis dieser kollektiven Akzeptanz auf einer zwanglos erzielten Überzeugung beruht.

Zusammenfassend läßt sich feststellen, daß sich eine Öffentlichkeit nach allen aktuellen Definitionen und Theorien aus drei primären Bausteinen zusammensetzt den Akteuren, dem Publikum und einem (oder mehreren) medialen Vermittlern Ziel der Öffentlichkeit ist es dabei, eine allgemein zugängliche Diskussion zu initiieren, die zu einer öffentlichen Meinungsbildung führt. Inwieweit diese Ziele erreicht, bzw. die Möglichkeiten einer modernen Öffentlichkeit ausgeschöpft werden, kann von Fall zu Fall variieren und ist dementsprechend zu überprüfen.

---

[46] Vgl. Niklas Luhmann· *Gesellschaftliche Komplexität und Öffentliche Meinung.* S 181 f. in Ders..
Soziologische Aufklärung 5 Konstruktivistische Perspectiven, 1990
[47] Ebd.
[48] Vgl Neidhardt 1994, S. 9
[49] Ebd

2.2.1 Die Bedeutung der einzelnen Öffentlichkeitselemente

Der größte Teil öffentlicher Kommunikation verläuft heute über die Vermittlung der Massenmedien. Somit erwirken diese in der Öffentlichkeit die dritte Größe neben Sprechern und Publikum [50] Massenmedien sind im 20 Jahrhundert zu der bestimmenden Öffentlichkeitsarena geworden. Dennoch darf auch der althergebrachten Versammlungsöffentlichkeit ein gewisser Stellenwert nicht aberkannt werden Während Massenmedien in erster Linie von etablierten Sprechern genutzt werden, ist gerade für kleinere und Randgruppen die Versammlungsöffentlichkeit von besonderer Bedeutung. Diese Gruppen, die noch nicht auf eine breite Popularität oder Zustimmung zurückgreifen können, müssen davon ausgehen, daß ihre Anliegen von Massenmedien erst einmal weitgehend ignoriert werden. Somit müssen sie sich im Rahmen ihrer Möglichkeiten im Kleinen organisieren und versuchen, die Aufmerksamkeit und Zustimmung weiterer Bevölkerungsteile möglichst effizient auf sich zu ziehen Eine Versammlung bietet hierfür einen relativ leicht zu organisierenden Weg.

2.2.1.1 Die Rolle der Massenmedien

Der größte Teil der (politischen) Kommunikation läuft heutzutage über die Medien ab, da diese von nahezu allen Bürgern genutzt und konsumiert werden Friedhelm Neidhardt geht sogar soweit zu behaupten, daß fast jeder Bundesbürger täglich von mindestens einem Medium politisch informiert wird.[51] Die Ausführung, in der die Medien ihre Rolle dabei betreiben, ist allerdings von zwei Seiten zu betrachten. Zum einen sind Medien heute relativ autonom[52], folgen keiner missionarischen Rollenauffassung und nehmen eher eine Chronistenpflicht war[53], zum anderen aber schließt dies die Existenz von (politischen) Präferenzen nicht aus und kann zu erheblichen Niveauunterschieden führen [54] Außerdem hat sich der Faktor Marktwirtschaft in den Medien zunehmend ausgebreitet. Sowohl in den privaten als auch in den öffentlich rechtlichen Betrieben ist die Abhängigkeit von Sponsoren und die Einnahme von Werbemitteln unumgänglich geworden. Somit kommt es zu einem Verhältnis von konkurrierenden Medien, die sich dementsprechend ausgeprägt an ein kommerziell interessantes Publikum wenden, um Zuschauer-/ -hörerquoten,

---

[50] Vgl. ebd., S. 10
[51] Vgl. ebd., S 11
[52] Vgl Jeffrey C Alexander· *The Mass News Media in Systemic, Historical and Comparative Perspective*, S 107ff , in· Ders.: *Action and its environments*, 1988
[53] Vgl. Schönbach, in. Neidhardt S 11
[54] Katrin Voltmer. *Mass Media: Political Independence of Press and Broadcasting Systems*. Berlin,

Zeitungsauflagen etc. positiv zu beeinflussen Dadurch wiederum machen sie sich, trotz ihrer eingangs erwähnten Autonomie, abhängig von wirtschaftlichen Interessen.

2.2.1.2   Die Rolle des Publikums

Das Publikum ist der Adressat von Öffentlichkeitsakteuren und den Medien Es setzt sich, laut Friedhelm Neidhardt, aus der Gesamtheit aller Bürger zusammen [55] Um dieses Publikum zu einer Kommunikationsbeteiligung zu motivieren, bedarf es einer Betrachtung seiner Motivationsantriebe Diese Bestehen zum einen aus dem Bedürfnis an Unterhaltung, zum anderen aus einem Bedürfnis an Orientierung, also dem Konsum von Informationen, die es für sich werten und nutzen kann Ein Zwang zur Beteiligung besteht in der Massenkommunikation nicht [56] Dies verschärft den Druck auf Sprecher und Medien insofern, als daß sie diese Motivation, zusätzlich zu der ohnehin schon bestehenden Konkurrenz untereinander, hervorrufen müssen. Das Problem, auf das die Öffentlichkeitsakteure (Sprecher und Medien) hierbei stoßen, ist die große Heterogenität des Publikums. Diese Heterogenität hat zur Folge, daß es sich beim größten Teil des Publikums um Laien handelt, die wenig Vorkenntnisse mitbringen, also nur eine geringe Verständnisfähigkeit besitzen Aufgrund dieser und der Tatsache, daß Öffentlichkeitssprecher ihr Publikum nur begrenzt kennen, müssen die Öffentlichkeitsakteure einen Weg finden, ein möglichst großes Publikum mit einer möglichst leicht verständlichen Sprache anzusprechen, die von allen verstanden wird und einen Motivationsreiz zur Öffentlichkeitsbeteiligung bietet.

Im Publikum befinden sich allerdings in jedem Fall drei Gruppen, auf die sich Sprecher und Medien einstellen müssen Anhänger, Gegner und Unentschiedene / Neutrale. Als die wichtigste Gruppe stellt Neidhardt die der „Unentschiedenen / Neutralen" dar,[57] die auch Jürgen Habermas als ein bedeutendes Potential sieht.[58] Ohne sie, so schreibt er, käme es zu einer Klientelisierung und somit sehr begrenzten Ausrichtungsmöglichkeiten der Öffentlichkeit und Öffentlichen Meinung Die Neutralen bieten demnach die Möglichkeit der *„floating votes"* d.h. einer Entscheidung, die erst nach oder im Laufe einer öffentlich geführten Diskussion getroffen wird. Demzufolge ist die Gruppe der Neutralen / Unentschiedenen diejenige, die die Akteure

1993
[55] Vgl. Friedhelm Neidhardt 1994, S.12
[56] Vgl Luhmann 1990: *Gesellschaftliche Komplexität und Öffentliche Meinung*, S. 172
[57] Neidhardt 1994, S 24
[58] Vgl. Jürgen Habermas: *Strukturwandel der Öffentlichkeit*, Frankfurt a.M 1990, S 42

zu einer argumentativen Debatte zwingen, welche wiederum die Folgeentscheidungen ermöglicht und sinnvoll erscheinen läßt

2.2.1.3 Die Rolle der Sprecher

Als Öffentlichkeitssprecher bezeichnet Friedhelm Neidhardt jene Gruppe von Öffentlichkeitsakteuren, die sich vor Medien und Publikum für eine andere Gruppe der Gesellschaft einsetzen. Er unterschiedet hierbei in fünf verschiedenen Typen von Sprechern mit unterschiedlichen Rollen in der Öffentlichkeit [59]

a) Repräsentanten als die direkten Vertreter gesellschaftlicher Gruppen wie z.B Parteien, Organisationen, Vereinen, Bewegungen
b) Advokaten: als Handelnde, die in der Öffentlichkeit die Belange von unorganisierten Gruppen vertreten
c) Experten: die Sprecher mit Sonderkompetenzen darstellen, aber nicht der Gruppe, über die sie sprechen, selbst angehören müssen
d) Intellektuelle: die die Bedingungen von Experten erfüllen aber den zu verhandelnden Themen zudem noch kritisch und ethisch–gesellschaftliche Perspektiven zufügen
e) Kommentatoren: die zum einen Bericht erstatten, zum anderen aber ihre eigene Meinung mit ins Spiel bringen

2.3 Kommunikationsmodelle

Im Kontakt zwischen Öffentlichkeitsakteuren und ihrem Publikum kommt es zu bestimmten Verhaltensweisen Friedhelm Neidhardt hat versucht, diese in drei grundlegende Muster zu unterteilen und ist dabei zu der Bestimmung von drei verschiedenen Modellen gekommen a) dem Verlautbarungsmodell, b) dem Agitiationsmodell, c) dem Diskursmodell [60] Entscheidend für die Unterscheidung dieser Muster sind die kommunikativen Elemente Kommunikation entsprechend dem Verlautbarungsmodell gleicht dabei eher einem Monolog. Sprecher nehmen sich den Raum für ihre Darstellungen und Botschaften, ohne dem Publikum aber die Möglichkeit zu einer Antwort oder Reaktion zu lassen Eine klassische Kommunikation kommt also gar nicht erst zustande.

Im Gegensatz dazu liefert das Agitationsmodell einen Spielraum, in dem vor allem die Sprecher untereinander in einen kommunikativen Austausch treten Dieses Modell ist laut Neidhardt jedoch von einer gewissen Polemik geprägt, der Austausch findet nur an

---

[59] Neidhardt 1994, S. 14
[60] Ebd., S 20 f

der Oberfläche statt.[61] Eine wahre Verständigung zwischen den Fronten wird durch die Anhäufung gegenseitiger Angriffe, rhetorischer Fragen und falsifizierter Behauptungen ersetzt Von Seiten des Publikums bedarf es somit einer enormen Kritik- und Selektionsfähigkeit, um ernsthafte Gewinne und reelle Orientierungschancen aus diesem Kommunikationsverhalten ziehen zu können. Den idealtypischen Fall bildet somit das Diskursmodell, da es hier zu einem interaktiven Wechsel kommt. Hier, so schreibt Neidhardt, findet eine *„argumentative Auseinandersetzung, auch mit den Gegnern und Kritikern der eigenen Beiträge statt"*[62]

3. Öffentlichkeitsarbeit / Public Relations

3.1 Funktionsweise öffentlicher Zusammenhänge / Die Entstehung von Public Relations

Die oben aufgeführten Kommunikationskonzepte bilden die theoretische Grundlage der praktischen Öffentlichkeitsarbeit, denn diese stellt eine bestimmte Form der Kommunikation dar. Wie Punkt II 2.1 gezeigt hat, gibt es eine komplexe Ansammlung von verschiedenen Elementen und Bausteinen, aus denen sich eine Öffentlichkeit zusammensetzt. Dementsprechend viele Faktoren müssen in Betracht gezogen werden, wenn man sich als Öffentlichkeitsakteur auf dem Öffentlichkeitsmarkt durchsetzen möchte Auf diesem Markt, auf dem das Publikum auch als Kundschaft gesehen werden kann[63], kommt es zu einer Austauschbeziehung zwischen Medien, Sprechern und Publikum, bei der es um ökonomische, politische und soziale Themen geht. Jede dieser Öffentlichkeitsgruppen hat ihre eigenen Vorstellungen und Anforderungen. Während das Publikum auf Unterhaltungs- und Orientierungswerte ausgerichtet ist (Vgl. Punkt II 2 2.1 2), benötigen die Medien Aufmerksamkeit und Zustimmung des Publikums, um sich auf dem Öffentlichkeitsmarkt behaupten zu können. Die Öffentlichkeitssprecher haben ähnliche Wünsche wie die Medien, ihre Beweggründe hierfür sind jedoch andere. Während es bei den Medien in erster Linie um die Positionierung auf dem Markt geht, benötigen die Sprecher Medien und Publikum, um ihre Ziele publik zu machen, Zustimmung zu gewinnen und auf diese Weise einen öffentlichen Druck zu erzeugen, der auf politische, gesellschaftliche und ökonomische Aspekte Einfluß nehmen kann.

---

[61] Vgl. ebd.
[62] Ebd.

Um diese Aufgabenstellung, also die möglichst gezielte und erfolgreiche Bindung und Überzeugung von Medien und Publikum durchführen zu können, entwickelte sich auf den Seiten der Öffentlichkeitsakteure ein ganz neues Aufgabenfeld: Die Öffentlichkeitsarbeit / Public Relations.[64]

Wie von Habermas dargestellt, hat sich die Öffentlichkeit im Laufe der Geschichte vehement verändert. Sie hat sich von einer repräsentativen Öffentlichkeit zu einem Forum interaktiver Kommunikation entwickelt Und doch läßt sich bei dem, was wir heute als Öffentlichkeitsarbeit oder Public Relations bezeichnen, auf uralte Wurzeln zurückgreifen James E Grunig und Todd Hunt beispielsweise führen die ersten Wurzeln der Öffentlichkeitsarbeit auf die Arbeitsweisen der Apostel und Evangelisten zurück, die im Auftrag des Evangeliums nahezu klassische, wenn auch der damaligen Zeit angepaßte, Verhaltensweisen der PR-Aktivitäten aufwiesen.[65] Ihre Briefe und Berichte waren an ein breiteres Publikum gerichtet, das letztendlich sogar die Sprecher selbst überlebte Versammlungen und Reden hatten Bezug zu ihrem unmittelbaren Umfeld und boten schon damals den Raum für ein interaktives Kommunikationsforum.

Andere Autoren, wie Carl Hundhausen sehen den Beginn der Public Relations erst in der aufkommenden Industrie- und Massengesellschaft, die zu einer Minderung persönlicher Kontakte führte und somit den Informationsfluß neu erstellen mußte.[66]

3.2 Definition und Konzept der Öffentlichkeitsarbeit

Letztendlich aber ist es nach wie vor nicht leicht, den Begriff der Öffentlichkeitsarbeit (Public Relations) genau zu definieren und einzugrenzen Gernot Bauer umriß diese grob als ein Informations- bzw. Erlebnis- / Erfahrungsangebot an Informationsverbraucher.[67] Ronneberger wiederum benutzt den Begriff Public Relations und erklärt:

> „PR versteht sich als eine Funktion der öffentlichen Interessendarstellung; überall, wo partielle Öffentlichkeiten durch Interessendarstellung hergestellt werden, kann sich PR ereignen. Aus der Sicht der demokratisch verfaßten, politischen Systeme erscheint die PR-Funktion als konstitutiver Faktor, d.h. ohne PR würden solche Systeme nicht funktionieren."[68]

---

[63] Vgl. Neidhardt 1994, S.15
[64] Vgl Grunig, James und Hunt, Todd· im Internet: http://www.asu edu/cronkite/thesis/kimhill/methods.htm, 21.05 2001
[65] Vgl. ebd.
[66] Vgl Carl Hundhausen: *Public Relations. Theorie und Systematik.*, Berlin /New York 1969, S 21
[67] Vgl. Gernot Bauer: *ECON Handbuch Öffentlichkeitsarbeit*, München 1993, S 28
[68] Franz Ronneberger *Legitimation durch Information*, 1977; zitiert aus: Haedrich, Günther / Günter

Ronneberger zielt also weniger auf eine Definition, sondern auf die Rahmenbedingungen der PR/Öffentlichkeitsarbeit ab.

Ambrecht[69] geht genauer auf das Kalkül von PR-Akteuren ein·

> *„Ihr Verhältnis zur Umwelt müssen sie anhand sich wandelnder Bedingungen immer wieder neu definieren. Der PR kommt hier eine (wenn nicht die) entscheidende Aufgabe zu: Ihre Akteure identifizieren Umweltveränderungen, interpretieren diese für die Organisation und sichern durch strategisches und programmatisches Vorgehen Handlungsspielräume für die Organisation ab.: Der PR Prozeß kann als ständiger und wechselseitiger vernetzter Input-Transformation-Output-Prozeß zwischen dem >Suprasystem< Umwelt und den drei für die PR relevanten >Subsystemen< Organisation, Kommunikation und Zielpublikum verstanden werden."[70]*

Ähnlich nur komplizierter beschreibt es Jarchew wenn er sagt:

> *„(PR) bedeutet den Prozeß des Erhalts und der Optimierung der dynamischen Zustandsstabilität und der ko-evolutionären Entwicklungsmöglichkeiten von synreferentiell kooperierenden sozialen Systemen durch die Abstimmung interner Umwelten mit den Mitteln sprachlicher und bildlicher Kommunikation."[71]*

Gernot Bauer wiederum versucht die Öffentlichkeitsarbeit zusätzlich anhand eines Funktionsschemas zu definieren das *RACE Schema*. Dieses Schema besteht aus vier Stadien a) Research (R), also die Suche und Forschung nach dem eigentlichen Problem, b) action (A), also die Vorgehensweise, in der man sich mit dem Problem beschäftigt, c) communication (C), der Weg, auf dem das Publikum informiert wird, d) evaluation (E), die Auswertung und Untersuchung des Erfolges bzw Mißerfolges in der Realisierung der Ziele

Die Definitionsproblematik, bzw. von nahezu allen Autoren immer wieder angesprochene Vielfalt der Definitionen von Öffentlichkeitsarbeit, wird sich im Rahmen dieser Arbeit kaum lösen lassen. Sie spiegelt sich bereits in den unterschiedlichen Bezeichnungen wider, die das Gebiet der Öffentlichkeitsarbeit

---

Barthenheier / Horst Kleinert (Hrsg.): *Öffentlichkeitsarbeit. Dialog zwischen Institutionen und Gesellschaft*, Berlin / New York 1982, S 125
[69] Vgl. Bauer 1993, S. 30
[70] Wolfgang Ambrecht in Gernot Bauer: *ECON Handbuch*, 1993, S 29
[71] Jarchew, zitiert aus· Gernot Bauer *ECON Handbuch*, 1993, S 30

umfassen: Public Relations, Presse- und Öffentlichkeitsarbeit, Unternehmenskommunikation, Public Affairs, Corporate Communications[72]

3.3 PR-Modelle

In Anlehnung an Kommunikationsmuster, wie sie unter Punkt II.2.3 dargestellt worden sind, stehen auch der Öffentlichkeitsarbeit / Public Relations entsprechende Modelle / PR-Typen zur Verfügung. Vier dieser Typen sind 1984 von den Autoren Grunig und Hunt erfaßt worden und gelten seitdem als die *„Klassiker für das heutige Verständnis von PR"*[73]. Es handelt sich dabei um die folgenden Modelle [74]

- Publicity
- Informationstätigkeit
- Asymmetrische Kommunikation
- Symmetrische Kommunikation

Während die Autoren der Publicity[75] reine Propagandazwecke und das Ziel der Gewinnung von Aufmerksamkeit ohne zwangsläufigen Wahrheitsgehalt, zuschreiben, es somit also zu einer einseitigen Kommunikation ohne Reaktionsmöglichkeiten von Seiten des Publikums kommt, zielt die Symmetrische Kommunikation auf einen wechselseitigen Austausch zwischen Sprechern und Publikum ab, der so konzipiert sein sollte, daß alle Seiten einen gemeinsamen Konsens finden. Auch das beidseitig ausgerichtete Lernziel nimmt hier eine bedeutende Rolle ein.[76] Auch das Informationsmodell basiert auf einer einseitigen Kommunikation, gleichzeitig jedoch besteht hier, im Gegensatz zur Publicity ein Anspruch auf Wahrheit. Ziel ist es *„to disseminate factual, albeit highly selective, information from an organization to its various publics".*[77]

---

[72] Vgl. Bauer 1993, S. 32
[73] Dieter Herbst: *Literaturtipps zur Öffentlichkeitsarbeit*, im Internet
http://www.ideereich.de/DieterHerbst/Themen/pr/pr_lit.htm, 18.04.2001
[74] Vgl. James. E. Grunig / Todd Hunt: *Managing Public Relations*, 1984, S. 22f.
[75] (lat -frz.-enl · „Öffentlichkeit, öffentliches Bekanntwerden, Bemühen um öffentliches Aufsehen")
Bekanntmachen eines Produktes, eines Unternehmens, einer Institution oder Organisation, Gruppen oder einzelner Personen. Generell ein weder positiv noch negativ besetzter, wertfreier Begriff. Wird als PR-Mittel überwiegend für wirtschaftliche Kurzzeitereignisse eingesetzt (z.B : Spot, Film, Bühne, Show). Der Kommunikationsprozeß ist einseitig intendiert. Soweit Publicity ohne Rücksicht auf Sachlichkeit, mögliche Objektivität, Stil und Takt erreicht wird, steht sie im Widerspruch zu den Grundsätzen verantwortungsbewußter Public Relations Arbeit.
(http://www.prforum de/knowh/grun/grun.htm. Susanne Kamm: PR von A – Z)
[76] Vgl. Grunig / Hunt, 1984, S.23
[77] http://www.aus.edu/cronkite/thesis/kimhill/methods.htm: Kimberly J. Hill: *Beyond the Numbers: A Case Study of the 1990 Census - Promotion Program and the Implications for Census 2000,*

Das Modell der asymmetrischen Kommunikation wiederum versucht, mittels Theorie, Forschung und sozialwissenschaftlicher Methoden das Publikum genauer bestimmen und kennenlernen zu können [78] Es findet insofern ein Austausch statt, als daß Organisationen / Unternehmen Informationen aufnehmen, die im Anschluß daran aber eher zu Überzeugungszwecken desselben Publikums eingesetzt werden. Auch hier wird der Öffentlichkeit ein dementsprechend geringer Reaktionsspielraum eingeräumt.

3.4 Aufgaben der Öffentlichkeitsarbeit

Im Folgenden werden die verschiedenen Aufgaben der Öffentlichkeitsarbeit dargestellt Es muß dabei berücksichtigt werden, daß nicht jedes Unternehmen / jede Organisation tatsächlich die gesamte Palette aller aufgezählten Tätigkeiten abdeckt Meistens werden Schwerpunkte gesetzt. Manche Bereiche können, je nach individuellem Anspruch ganz entfallen, andere werden nur in geringem Ausmaße umgesetzt Hinzu kommt die Tatsache, daß nicht alle Aufgaben von der internen Abteilung für Öffentlichkeitsarbeit übernommen werden, sondern manche Arbeiten von externen Agenturen oder frei arbeitenden Spezialisten durchgeführt werden. Dem kann zum einen eine Überlastung der internen Abteilung zu Grunde liegen, zum anderen kann es sich aber auch um Qualifikationsansprüche handeln, die in der Organisation selbst nicht abgedeckt werden können

Martina Becher hat mittels einer Befragung von PR-Schaffenden eine Rangliste der Aufgabenbereiche in der Öffentlichkeitsarbeit erfaßt[79].

Chapter III: Methodology· *One-Way vs. Two-Way Communication*, 1.5.2001
[78] Vgl. ebd.

Abb.1: Aufgabenbereiche der Öffentlichkeitsarbeit

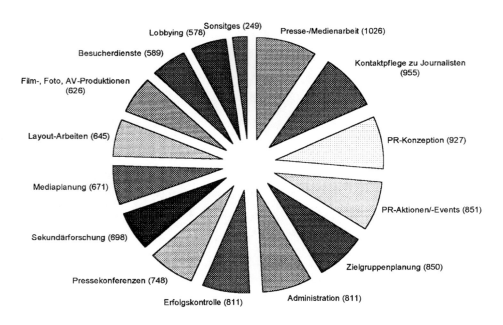

In Anlehnung an Martina Becher, 1996

3.5 Ziele und Möglichkeiten der Öffentlichkeitsarbeit

Von der Öffentlichkeitsarbeit wird erwartet, daß diese den Kontakt zum Publikum herstellt und eine Diskussion anregt. Dies kann durch einen direkten Bezug, etwa durch Eigenveranstaltungen, Informationsstände etc. oder indirekt, mittels des Umweges über die Medien und deren Vertreter geschehen Die Öffentlichkeitsarbeit soll Ziele, Nachrichten, Botschaften und Anliegen kommunizieren und dem Publikum näher bringen, so daß ein möglichst großes Interesse geweckt wird. Im Gegensatz zu der reinen Werbung jedoch, die häufig in die Öffentlichkeitsarbeit integriert ist, gehören hier auch weiterreichende Aussagen zu dem Kommunikationswert. Statt des reinen und kritiklosen Zuspruchs sollte im Idealfall eine Auseinandersetzung, entsprechend des Diskursmodells von Jürgen Habermas und Bernhard Peters mit den Inhalten erzeugt werden.

---

[79] Vgl. Martina Becher: *Moral in der PR?*, Berlin 1996, S 91

„Ziel der Kommunikationspolitik ist es, mittels einer dauerhaften, emotionalen Bindung zwischen Sender und Empfänger, eine zieladäquate Reaktion auf der Empfängerseite zu erreichen."[80]

Die strukturelle Verarbeitung erfolgt dabei in den folgenden Phasen:[81]

a) das Aufzeigen der Problemsituation durch Vermittlung von Informationen
b) Imagebildung, eventuell verbunden mit einer Änderung von Einstellungen und Werthaltungen
c) Handlungsauslösungen

Der Erfolg der Öffentlichkeitsarbeit läßt sich an verschiedenen Faktoren messen. Bei Veranstaltungen können beispielsweise Besucherzahlen Auskunft darüber geben, welches Interesse erzeugt werden konnte. In den Medien wiederum ist es wichtig, eine möglichst hohe Verbreitung der Nachrichten zu erzielen. Rein quantitativ kann hier die Häufigkeit des Erscheinens einer Nachricht bereits erste Aufschlüsse geben. Barbara Baerns hat versucht, die Häufigkeit der Primärquelle Öffentlichkeitsarbeit bei Zeitungen zu ermitteln In der Untersuchung von 1093 Primärquellen entfielen auf die Öffentlichkeitsarbeit 60% bei Zeitungen mit Korrespondenten und 70% bei Zeitungen ohne Korrespondenten. 14% bzw. 8% setzten sich aus rein journalistischer Recherche zusammen und 26% bzw. 22% waren auf andere Quellen zurückzuführen.[82]

Einer enormen Beachtung der Öffentlichkeitsarbeit muß demnach Rechnung getragen werden. Dies führt zu dem Schluß, daß die Öffentlichkeitsarbeit bei fachgerechter Handhabung eine große Wirkung erzielen kann. Auch im Bereich der Fernseh- und Hörfunknachrichten kam es zu ähnlichen Ergebnissen, in denen die Primärquelle Öffentlichkeitsarbeit andere Quellen deutlich überstieg So kommt Baerns abschließend zu der Erkenntnis.

„- Öffentlichkeitsarbeit hat die Themen der Medienberichterstattung unter Kontrolle ... Angesichts vorgegebener Themen zeigt sich die journalistische Recherche als Nachrecherche.
- Öffentlichkeitsarbeit hat das Timing unter Kontrolle. Denn Pressemitteilungen und Pressekonferenzen lösen Medienberichterstattung unmittelbar aus "[83]

Generell muß hier sicherlich zwischen einzelnen Medienvertretern differenziert werden. Nach dieser Aussage kann leicht der Eindruck entstehen, daß der Journalismus lediglich ein Sklave der Öffentlichkeitsarbeit ist und diese kritiklos übernimmt. In der Tat scheint das Anmerken dieser Gefahr sinnvoll und die Aussage

---

[80] Katrin Cooper: *Non-Profit Marketing von Entwicklungshilfeorganisationen*, Wiesbaden 1994, S 212
[81] Vgl. ebd
[82] Vgl. Barbara Baerns. *Öffentlichkeitsarbeit oder Journalismus? Zum Einfluß im Mediensystem*, Wiesbaden 1985, S 69

ein Sklave der Öffentlichkeitsarbeit ist und diese kritiklos übernimmt In der Tat scheint das Anmerken dieser Gefahr sinnvoll und die Aussage

> *„Öffentlichkeitsarbeit sei fähig, journalistische Recherchekraft zu lähmen ... Da Informationen ohnedies, mediengerecht, geliefert werden ...“*[84]

durchaus begründet. Weniger sinnvoll wäre jedoch die Akzeptanz dieser Aussagen als pauschal übertragbare Wahrheiten Da inzwischen nicht nur eine enorme Konkurrenz zwischen denjenigen besteht, die Nachrichten anbieten, sondern auch zwischen denen, die Nachrichten auswerten, verarbeiten und übermitteln, führt dies zu einer klaren Selektion und Professionalisierung auf beiden Seiten. Hinzu kommt ein Punkt, den Sandra Schillikowski (*Gesellschaft für bedrohte Völker*) ausdrückt, wenn sie sagt, daß die Medien selbst sich zu einer vierten Macht entwickelt hätten, die nicht nur daran interessiert ist, vorgefertigte und angebotene Themen zu übernehmen und zu präsentieren, sondern vielmehr selbst Themen und deren Tenor zu bestimmen versuchen [85] Sie entwickeln sich somit weniger in ihrer Rolle des Mediums zwischen Sprecher und Publikum, als vielmehr zu einem weiteren Konkurrenten, der selbst als eigenständiger Sprecher fungiert

Wie sich in den vorangegangenen Kapiteln gezeigt hat, ist Öffentlichkeit ein sehr breit gespannter Begriff, der mit der (Weiter)entwicklung der Medienwelt zusehends komplexere Formen annimmt. Dementsprechend viele Öffentlichkeitsforen müssen bei der Öffentlichkeitsarbeit berücksichtigt werden. Zu diesen Foren zählen in erster Linie der direkte Kontakt zum Publikum (z B. Eigenveranstaltungen) sowie der Kontakt, der über die verschiedenen Medien wahrgenommen wird. Neben den „klassischen“, allgemein genutzten und durch alle Bevölkerungsgruppen konsumierten Medien (Printmedien, Fernsehen, Kino, Radio) hat das Internet in den letzten Jahren enorm an Bedeutung gewonnen Aber auch zusätzliche Möglichkeiten, derer sich die klassische Werbung seit langem bedient – Plakatwerbung, Flyer, etc dürfen in ihrer Bedeutung nicht unterschätzt werden Als letzter Punkt soll noch die sogenannte Mund-zu-Mund-Propaganda in die Reihe der Öffentlichkeitsforen aufgenommen werden.

---

[84] Ebd , S 99
[85] Interview mit Sandra Schillikowski, Gesellschaft für bedrohte Völker, 28 04. 2001

3.6 Die Bedeutung der Massenmedien

Bereits Friedhelm Neidhardt weist auf die enorme Erreichbarkeit eines großen Publikums mittels der Medien hin und behauptet, daß fast jeder Bundesbürger täglich von mindestens einem Medium politisch informiert wird (vgl. Punkt I 2.2.1) Diese Vermutung kann mittels statistischer Erhebung leicht belegt oder zumindest unterstützt werden. Das „EU Barometer" verzeichnete für das Jahr 1999 folgende Zahlen für den medialen Nachrichtenkonsum europäischer Mediennutzer.

Abb. 2: Medialer Nachrichtenkonsum (in % der Gesamtbevölkerung)

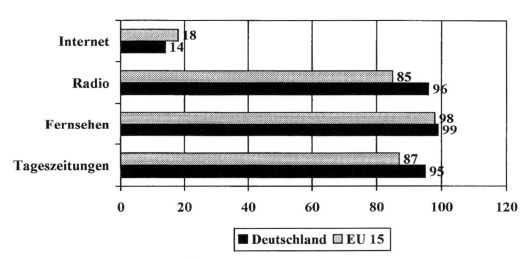

Zahlen sind dem Euro-Barometer 1999[86] entnommen

---

[86] Zahlen aus: Europäische Kommission· *Euro-Barometer. Die öffentliche Meinung in der Europäischen Union. Bericht Nr. 54,* Luxemburg, April 2000

Abb. 3: Täglicher Nachrichtenkonsum (in % der Gesamtbevölkerung)

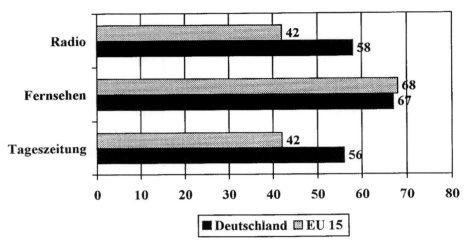

Zahlen sind dem Euro Barometer 2000[87] entnommen

Eine extrem hohe Informationsabdeckung der Bevölkerung scheint also gegeben, wenn die Sprecher einer Organisation (einer Institution oder eines Unternehmens) den Eintritt in die Massenmedien erreichen In Deutschland liegen die Werte der Konsumenten von Tageszeitungen, dem Radio und dem Fernsehen insgesamt zwischen 95 und 99%, wovon der tägliche Konsum zwischen 56% (Tageszeitungen) und 67% (Fernsehen) variiert. Die Nutzung des Internets liegt momentan mit 14% der Gesamtbevölkerung noch hinter diesen Werten zurück und liegt in Deutschland in der Gesamtmessung sogar unter dem Durchschnitt der EU (18%) Dennoch, darf den aktuellen Prognosen Glauben geschenkt werden, ist die Tendenz stark steigend. In seiner Erhebung aus dem Jahre 1999 stellte Felix Friedlander fest, daß 12,3 Mio. Bundesbürger das Internet in den 12 vorangegangenen Monaten genutzt hatten - 40% mehr als noch sechs Monate zuvor.[88] Dies bestätigt die Prognosen· Eine Studie aus dem Jahre 1998 stellt die Vermutung auf, daß bis zum Jahre 2002 mit ca 27,4 Mio. Internetnutzern zu rechnen ist.[89]

[87] Ebd.
[88] Vgl. Felix Friedlander: *Online-Medien als ein neues Instrument der Öffentlichkeitsarbeit*, Münster 1999, S. 76
[89] Vgl. Ansbert Kneip. **Ein Dorf namens Babylon**, in: Der Spiegel, 11/99, S 128ff.

3.7 Medienarbeit

Um dem großen Anspruch der Medienpräsenz gerecht werden zu können, stellt sich als nächstes die Frage der Mediaplanung, die Angela Kreis-Muzzulini grob in vier Phasen unterteilt hat: Analyse, Strategie, Umsetzung und Evaluation.[90] Während in der Analysephase Stärken und Schwächen der Botschaft erkannt werden sollen, gilt es dies in der zweiten Phase in eine Strategie mit genauer Zielbestimmung einzubetten. In der dritten Phase werden ein Zeit- und Organisationsplan aufgestellt, sowie das Budget festgelegt und schließlich die Maßnahmen eingeleitet. Die Evaluationsphase dient der Erfolgskontrolle und einer Bilanzierung, die für weitere Vorgehensweisen entscheidend sein kann

3.7.1   Kontakterstellung mit Medienvertretern

Um die Anliegen einer Organisation in den Medien zu verbreiten, muß als erstes deren Aufmerksamkeit gewonnen werden. Der direkte Kontakt, bzw. die direkte Ansprache der einzelnen Medienvertreter ist hierbei unabdingbar. Die Formen, in denen dies geschehen kann, erstrecken sich laut Angela Kreis-Muzzulini von der Presse- / Medienmitteilung, Presse- / Medienkonferenz und Presse- / Medienorientierung über die Presse- / Medienreisen und Presse- / Medienseminaren bis hin zu einem internen Presse- / Mediendienst, der einen regelmäßigen Informationsfluß und –austausch gewährleistet[91]. Eine klare und kompetente Präsentation von Informationen und Zielen stellt Kreis-Muzzulini dabei in den Vordergrund, ebenso wie entweder eine bereits bestehende Aktualität oder eine Aktualität, die erst mittels der Arbeit geweckt werden muß [92]

Eine Presse- / Medienkonferenz bietet ausführliche Informationen, nicht nur über ein Projekt, eine Aktion oder den konkreten Anlaß, sondern auch Hintergrundinformationen. Die Presse- / Medienorientierung beschränkt sich auf einen einzelnen Sachverhalt. Sie wird meistens im Falle eines besonders aktuellen und kurzfristigen Anlasses gewählt

---

[90] Vgl. Angela Kreis-Muzzulini. *Medienarbeit für soziale Projekte : ein Leitfaden für die Praxis,* Frauenfeld / Stuttgart / Wien 2000, S. 101
[91] Vgl. ebd
[92] Vgl. ebd., S 79

„Hier bedarf es besonders präziser, möglichst umfassender und logisch aufgebauter Information, damit die Situation von den Medienschaffenden korrekt erfaßt und wiedergegeben werden kann."[93]

Konferenz und Orientierung räumen allen Teilnehmern die Möglichkeit zu ausführlichen Fragen und gegebenenfalls zu persönlichen Interviewterminen ein, ebenso gehören Presseunterlagen / -mappen als ein unverzichtbares Element in das Programm Sie sollen eine korrekte Wiedergabe der Informationen sichern, die anschließend in den Medien erscheinen werden.

Die Medienreise ist, gegenüber den bisher genannten Wegen, aufwendiger Sie kostet Zeit und Geld Interessant wird sie erst dann, wenn die Arbeit eines Unternehmens sich auf eine Region / ein Land bezieht, das nicht mit dem des Publikums oder der Ansprechpartner übereinstimmt. In der Entwicklungshilfe zum Beispiel, kann es von großem Nutzen sein, Journalisten vor Ort mit dem Projekt bekannt und vertraut zu machen. Es kommt so zu einer erhöhten Transparenz und Glaubwürdigkeit. Das Handeln / die Aktivitäten werden faßbarer und somit realistischer. Die Eindrücke, die hierbei entstehen, wird der Medienvertreter aus einer ganz anderen, weniger theoretischen, Perspektive vermitteln können Interessant könnte eine solche Medienreise auch werden, wenn sie im Rahmen einer Medienpartnerschaft angelegt ist, wenn eine Zeitung, Journalisten, ein Sender oder Filmteams für eine tiefer greifende Reportage recherchieren und Material sammeln möchten.

Medienseminare entsprechen einer Art von Fortbildung für Medienvertreter. Hier können sie sich intensiv mit dem Fachgebiet der Organisation auseinandersetzen und ihre Arbeitsweise verstehen lernen Die Organisation muß dabei über qualifiziertes Personal verfügen, das zu der Leitung solcher Seminare befähigt ist.

Als letzte Möglichkeit der Medienarbeit führt Angela Kreis-Muzzulini den internen Mediendienst an. Hinter diesem Begriff verbirgt sich in erster Linie die konsequente Durchführung und Verbreitung von Presse- / Medienmitteilungen, bei der es gilt, eine institutionalisierte Form der Medienarbeit durchzusetzen. Dabei sollte ein Mitarbeiter die Verantwortung übernehmen, Medienvertreter kontinuierlich auf dem Laufenden zu

---

[93] Vgl. ebd., S.83

halten und über die Arbeit der Organisation zu informieren. Eine stets aktualisierte Mailing-Liste oder ein Verteiler wären dabei empfehlenswert

Althergebrachte Wege wie Radio- und TV- Spots oder Zeitungsanzeigen sind ein zusätzliches Mittel, dessen Informationsgehalt zwar recht gering ausfällt, die aber nach wie vor zu Werbezwecken innerhalb der Öffentlichkeitsarbeit eingesetzt werden können

3.7.2 Formen und Möglichkeiten der Medienbeiträge

In Fernsehen, Radio und Printmedien existiert ein breites Spektrum an Darstellungsformen, die von der Öffentlichkeitsarbeit genutzt werden können Diese reichen von Bekanntmachungen und kurzen Beiträgen (entweder selbst vorgefertigt oder von der Redaktion des Mediums verfaßt) über Reportagen, Dokumentationen und Sonderbeilagen (in Zeitungen und Magazinen) bis hin zu Medien- oder Projektpartnerschaften[94]. Eine Medienpartnerschaft kann beispielsweise die Kooperation in einer Fernsehsendereihe sein, in deren Rahmen Organisation und Sender das Publikum gemeinsam über ein Thema aufklären[95] Dabei treten sie als eine Einheit auf, die auf ein scheinbar gemeinsames Ziel oder eine gemeinsame Botschaft hinarbeitet Ähnliches kann ebenso mit Printmedien oder Radiosendern durchgeführt werden. Eine Projektpartnerschaft basiert auf derselben Idee, ist aber auf ein spezielles Projekt ausgerichtet, wie etwa die Übertragung eines Konzertes, das von einer Organisation initiiert und von einem Rundfunksender unterstützt wird. Andere Beispiele sind TV-Galas zugunsten einer Organisation, die häufig mit Spendenaufrufen verbunden sind. Sendungen wie „Melodien für Millionen"[96], „Die Superhitparade"[97] oder „Frohes Fest mit Fritz"[98] dienen hier als typisches Beispiel Das gemeinsame Ziel, dessen Hintergründe noch so verschieden sein mögen, ist es dabei, ein möglichst breites Publikum anzusprechen und für sich zu gewinnen Um alle Bedürfnisse zu befriedigen, wird in einem solchen Fall gerne auf berühmte Schirmherren, auf Stars und Medienlieblinge zurückgegriffen, die sich im Dienste des guten Zwecks gagenfrei zur

---

[94] Vgl. Kreis-Muzzulini, S.79 ff
[95] Vgl. ebd., S 69
[96] ZDF, Dezember 1997, 7,42 Mio Zuschauer, zugunsten der Deutschen Krebshilfe; Zahlen aus. Katja Naße *Charity TV in Deutschland*, Hagen 1999, S. 140
[97] ZDF, November 1997, 6,71 Mio. Zuschauer, zugunsten der Deutschen Welthungerhilfe, Zahlen aus Katja Naße 1999, S.99)
[98] SAT 1, Dezember 1997, 1,17 Mio. Zuschauer, zugunsten der SOS-Kinderdörfer (Zahlen aus: Katja Naße 1999 , S.184)

Verfügung stellen, Showeinlagen liefern und als Talkgäste auftreten Sie können kommentieren, ihre Unterstützung demonstrieren oder moderieren

3.8 Das Internet in der Öffentlichkeitsarbeit

Mit dem Internet steht dessen Nutzer ein weltweites Informationsnetz zur Verfügung, in dem dieser frei zwischen Themen, Angeboten, Unterhaltungsmöglichkeiten und Informationen wählen kann.[99] Es ist dabei entweder eine interaktive Kommunikation möglich (wie z.B. der Dialog durch das Versenden von Emails, Einträge und Kommentare in Gästebüchern, Teilnahme an Kommunikations-Foren und Befragungen etc.) oder aber die Rezeption von Informationen.

> *„Online-Kommunikation ist der computervermittelte Austausch von Aussagen zwischen Kommunikator und Rezipient".*[100]

Der interaktive Charakter tritt hier stärker hervor als in den klassischen Medien. Die Möglichkeiten, die sich aus dem neuen Medium für die Öffentlichkeitsarbeit ergeben, führt Friedlander wie folgt auf

Tab. 3: Online-Öffentlichkeitsarbeit

Online-Instrumente der Öffentlichkeitsarbeit	Online-Mittel und Maßnahmen der Öffentlichkeitsarbeit
- Email - Web-Sites - Mailinglisten - Newsgroups - Online-Datenbanken - Internet Relay Chat (IRC) - Intranet - Extranet - Proprietäre Online-Dienste	- Versand von Pressemitteilungen via Email - Veröffentlichung des Geschäftsberichtes auf einer Web-Site - Recherche in Online-Datenbanken - Informationsbereitstellung in Form von Online-Datenbanken - Dialog mit Bezugsgruppen via Email oder Newsgroups - Virtuelle Pressekonferenzen

Quelle: Felix Friedländer, 1999

Peter Fuchs, Hartwin Möhrle, Ulrich Schmidt-Marwede nennen weitere Charakteristika:[101]

- Neue Distributionskanäle für Information, verbunden mit neuen Reichweiten
- Erweiterte Präsentationsformen, zunehmend tatsächlich „multimedial"
- Fortschreitende Erschließung von bereits vorhandener Information durch ein neues Medium

---

[99] Vgl. Friedlander 1999, S. 82
[100] Vgl. ebd
[101] Vgl Peter Fuchs, Hartwin Möhrle, Ulrich Schmidt-Marwede: *PR im Netz – Online-Relations für Kommunikations-Profis. Ein Handbuch für die Praxis*, 1998, S.57

- Neue Kommunikationsräume mit eigenen Gesetzen und Verhaltensregeln
- Neue Kontaktpotentiale
- Beschleunigungsmechanismen für Kommunikationsabläufe
- Veränderte Interaktions- und Reaktionsregeln

Das Internet und Online-Dienste bieten somit einen beschleunigten Datenfluß und die Möglichkeit für einen relativ unkomplizierten Zugang zu Daten und Informationen. Sie können eine Anregung zur weiteren Beschäftigung und Recherche sein, vermitteln Namen und Kompetenzen und ermöglichen in vielen Fällen eine sofortige Kontaktaufnahme mit kompetenten Personen. In „Chaträumen" und „Foren" können Menschen mit gleichem Interesse diskutieren und sich austauschen

Friedländer weist darauf hin, daß der Nutzer des Internets wesentlich gezielter bei der Suche vorgehen kann und Themen und Informationen jederzeit zur Verfügung stehen. Er wählt eine bestimmte Seite aus eigenem Antrieb und Motivation.[102] Somit wird bereits vorab eine eigene Selektion für das Thema getroffen. Räumliche und zeitliche Grenzen entfallen. Die Aufgabe des Anbieters ist es dann, dem Publikum möglichst überschaubar den Zugang zu den erwünschten Informationen zu ermöglichen

3.9 Öffentlichkeitsarbeit im Direktkontakt mit dem Publikum

Ist die Anzahl der Möglichkeiten im Bereich der Medienarbeit bereits groß, so ist die im Direktkontakt vielleicht noch größer. In der Fachliteratur wird das Thema Direktkontakt oft umgangen oder nur vage angesprochen. Lediglich praktisch ausgerichtete Handbücher und Guidelines greifen diese Seite der Öffentlichkeitsarbeit anhand von Fallbeispielen auf. Dennoch ist die Bedeutung des Direktkontaktes nicht minder gering In dem von Günther Haedrich, Günter Barthenheier und Horst Kleinert herausgegebenen Handbuch „Öffentlichkeitsarbeit – Dialog zwischen Institutionen und Gesellschaft" heißt es:

> *„Daß der einem langfristigen Konzept folgende Direktkontakt zur Öffentlichkeit, zum Informationsverbraucher, ebenso unverzichtbar ist wie der zu den Medien, ist in den letzten Jahren bewußter geworden"*[103]

Aus diesem Grund regen sie verschiedene grundsätzliche Vorschläge, wie den Aufbau einer *„Fachstelle für den Kontakt zu ausgewählten Zielgruppen der breiten*

---

[102] Vgl. Friedländer, S. 86
[103] Günther Haedrich, Günter Barthenheier und Horst Kleinert (Hrsg.) 1982, S.123

Öffentlichkeit, vorwiegend Multiplikatoren (Jugenderziehung und Erwachsenenbildung, medizinische und theologische Berufe) sowie Meinungsführer im Kundenkontakt (Händler, Vertreter, Verkäufer)" an [104] Weiter gehen aber auch sie nicht auf dieses Thema ein Scheinbar gibt tatsächlich nur der Blick in die Praxis einen Überblick über diesen Bereich im Sinne der alten Versammlungsöffentlichkeit

Der direkte Publikumskontakt findet dort statt, wo Unternehmen und Zielgruppe ohne Mediatoren direkt aufeinander treffen und das Unternehmen dieses Treffen zu Informationszwecken nutzt, d h bei Veranstaltungen, auf der Straße oder gegebenenfalls auch im privaten Bereich Zu den Veranstaltungen zählen Ausstellungen, Benefizveranstaltungen, Besuchsführungen, Diskussionsveranstaltungen, Kongresse, Konzerte, Lesungen, Messen, Vorträge, Wettbewerbe etc „Tage der offenen Tür" werden von einer Vielzahl unterschiedlicher Unternehmen durchgeführt Wolfgang Kinnebrock hebt den Vorteil der größeren Dialogmöglichkeiten im Direktkontakt gegenüber der medialen Kommunikationsarbeit hervor. So schreibt er.

> *„Dialoge zu entwickeln geht Hand in Hand mit dem Aufbau von Beziehungen. Viele Industriefirmen haben dies längst realisiert und versuchen, Dialogbereitschaft über diverse Maßnahmen zu entwickeln. Produktbegleitender Service gehört hierzu ebenso wie etwa spezielle Dienstleistungen, Informationsprogramme oder Einbeziehung in Partnerschaftsprogramme."* [105]

Es ist also die Integration, beziehungsweise der Austausch zwischen Organisation / Unternehmen, der die Öffentlichkeitsarbeit im Bereich des Direktkontakts auszeichnet und ihr damit einen, auch von den Medien nicht zu ersetzenden Wert verleiht In dieser „einstufigen Kommunikation"

> *„ findet eine unmittelbare Signalübertragung zwischen dem Initiator der Informationsaussendung und seinem Adressaten statt. [Hierdurch] ist die Möglichkeit einer (mittels individueller Ansprache) gezielten Ausrichtung der Botschaft auf die Zielperson oder –gruppe wie auch die Chance eines wechselseitigen Informationsaustausches – der eine unmittelbare Kontrolle des Erfolges erleichtert – gegeben."* [106]

---

[104] Ebd.
[105] Wolfgang Kinnebrock: *Integriertes Eventmarketing – Vom Marketing-Erleben zum Erlebnismarketing*, Wiesbaden 1993, S 39
[106] Katrin Cooper 1994, S. 218

III. Öffentlichkeitsarbeit und Nichtregierungsorganisationen

Nachdem in dem vorangegangenen Teil die Theorie zu Nichtregierungsorganisationen, der Öffentlichkeit und Öffentlichkeitsarbeit geklärt werden konnte, soll im Folgenden eine Überprüfung und Analyse der Öffentlichkeitsarbeit von sechs Nichtregierungsorganisationen vorgenommen werden. Hierzu gehört zum einen die Fragestellung, mit welchen Zielen und welchem Bewußtsein Organisationen ihre Öffentlichkeitsarbeit betreiben, zum anderen, wie diese Vorstellungen umgesetzt werden und welche Problemen dabei zu bewältigen sind. Letztendlich soll eine Analyse der Ergebnisse erfolgen, die herausstellen soll, in welchem Maße die Öffentlichkeitsarbeit den theoretischen Ansätzen entspricht, wo ihre Bedeutung und ihre Möglichkeiten liegen Die Untersuchung wurde anhand von fünf Nichtregierungsorganisationen durchgeführt, die einleitend kurz vorgestellt werden. Die hierfür herangezogenen Materialien und Quellen setzen sich dabei zum einen aus Medienbeiträgen und fachspezifischen Publikationen zusammen, den anderen Teil bilden Eigenmaterialien wie Satzungen, Selbstdarstellungen, Geschäftsberichte, Eigenmaterialien und die zum größten Teil recht ausführlichen Homepages Zusätzliche Informationen stammen aus Telefoninterviews mit der *Gesellschaft für bedrohte Völker*, und der *Indianerhilfe Paraguay*, sowie schriftlichen Anfragen, die von *amnesty international*, dem *Deutschen Roten Kreuz* und *terre des hommes* beantwortet worden sind. *Greenpeace* stand hierfür nicht zur Verfügung, sondern erklärte bereits auf die erste diesbezügliche Anfrage.

> *„Die Stärkung der Forschung und Lehre in allen umweltpolitisch und – technologisch relevanten Fragen gehört zu dem wissenschaftspolitischen Anliegen von Greenpeace. ... Soweit es in unserer Möglichkeit steht, haben wir Ihnen Material zu ihren Fragen beigelegt. Wir bitten Sie um Verständnis, daß wir aus Kapazitätsgründen keine Fragebögen beantworten oder Interviews geben können. Mit einem Wort: Wenn wir manchmal nicht genügend hilfreich sein können, so liegt das nicht daran, dass wir die Unterstützung von Arbeiten im akademischen Bereich usw. für unwichtig hielten. Der Grund ist schlicht, dass wir unter den gegebenen Bedingungen andere Prioritäten setzen müssen."*[107]

---

[107] Aus einem Brief der Greenpeace Abteilung *Kommunikation und Service*, 21. Februar 2001

Auf spezielle Einzelfragen wurde jedoch tatsächlich recht umgehend und informativ geantwortet. Auch das zur Verfügung gestellte Material war den Versprechungen entsprechend umfangreich und aussagekräftig.

Bei dem Deutschen Roten Kreuz zog sich ein Prozeß des Nachhakens von Anfang November bis Ende April, ehe die Organisation ihren Fragebogen zurücksandte

1. Überblick über die sechs untersuchten Nichtregierungsorganisationen

Um einen ersten Überblick über die untersuchten Nichtregierungsorganisationen, deren Aufgabengebiete, Größen und Hintergrundinformationen zu bekommen, dient die folgende Tabelle als kurze Einführung.

Tab. 4: Überblick über die untersuchten Organisationen

	Organisationssitz in der BRD	Gründungsjahr	Tätigkeitsfeld	Mitglieder-zahlen	Finanzierung	Rechtsform
amnesty international (ai)	53108 Bonn Tel: 0228 – 983730 Email: info@amnesty.de www.amnesty.de	1961	Menschen-rechtsarbeit	ca. 15.700	- Mitgliedsbeiträge - Spenden - Materialsammlungen - betriebliche Erträge	Einge-tragener Verein
Deutsches Rotes Kreuz (*DRK*)	Carstenstr. 58 12205 Berlin Tel. 030 – 854040 Email: drk@drk de www.drk.de	1921	Freie Wohlfahrts-pflege	ca. 400.000	- Spenden - staatliche Zuschüsse - betriebliche Erträge - Materialsammlungen	Einge-tragener Verein
Gesellschaft für bedrohte Völker (*GfbV*)	Postfach 2024 37010 Göttingen Tel· 0551 – 499060 Email info@gfbv.de www.gfbv.de	1970	Menschen-rechts-/ Völkerrechts-arbeit	ca 8000	- Mitgliedsbeiträge - Spenden	Einge-tragener Verein
Greenpeace (*GP*)	Große Elbstr 39 22767 Hamburg Tel: 040 – 306180 Email: mail@greenpeace de www.greenpeace.de	1971	Umweltschutz	ca 510 000	- Spenden - betriebliche Erträge - Mitgliedsbeiträge	Einge-tragener Verein
Indianerhilfe Paraguay (*IHP*)	Kaltenweider Str 15 30900 Wedemark Tel: 0513 – 4157 Email indianerhilfe@t-online de www indianderhilfe-paraguay.de	1978	Entwicklungs-zusammen-Arbeit	ca. 150	- Spenden - Altmaterialsammlung - staatliche Zuschüsse	Einge-tragener Verein
terre des hommes	Ruppenkampstr. 11a 49031 Osnabrück Email info@tdh-de www.tdh de	1976	Kinderrechte		- Spenden - Mitgliedsbeiträge - staatliche Zuschüsse - betriebliche Erträge	Einge-tragener Verein

Wie die oben stehende Tabelle zeigt, bieten die ausgewählten Organisationen Beispiele aus den Bereichen Menschenrechtsarbeit, freie Wohlfahrtspflege, Umweltschutz und Entwicklungszusammenarbeit und ein breites Spektrum an unterschiedlichen Organisationsgrößen. Abgedeckt sind kleine Vereine, wie die *Indianerhilfe Paraguay* mit etwa 150 Mitgliedern, über den Spitzenverband der freien Wohlfahrtspflege – das *Deutsche Rote Kreuz* – mit ca 400.000 Mitgliedern, bis hin zu der etwa 510 000 Mitglieder zählenden Organisation *Greenpeace*. Alle Organisationen weisen die Rechtsform eines eingetragenen Vereins auf, wobei sie sich in unterschiedlicher Zusammensetzung aus Spendengeldern, Mitgliedsbeiträgen, betrieblichen Erträgen (Erlöse aus dem Verkauf eigener Materialien und Produkte), Sammlungen und zum Teil aus öffentlichen Zuschüssen finanzieren. Dennoch weisen sie in ihren Satzungen allesamt klar auf den Non-Profit-Charakter ihrer Arbeit hin, womit sie eine der Grundvoraussetzungen für Nichtregierungsorganisationen erfüllen Das *DRK* ist hierbei die älteste Organisation, deren Ursprünge sogar über das offizielle Gründungsdatum, bis in die Mitte des 19. Jahrhunderts, hinaus reichen. Mit Ausnahme der *Indianerhilfe Paraguay* (IP) sind alle aufgeführten Organisationen an ein internationales Netzwerk angeschlossen und in Deutschland mit einer nationalen Sektion vertreten. Alle Angaben beziehen sich dabei ausschließlich auf Deutschland.

1.1 Organisationsinhalte / Organisationsaufgaben / Organisationsziele

Die Tätigkeitsfelder der sechs Nichtregierungsorganisationen erstrecken sich auf Menschenrechtsarbeit (ai, *GfbV*), Wohlfahrtspflege (*DRK*), Umweltschutz (*GP*), Entwicklungszusammenarbeit (*IP*) und Kinderrechte (*tdh*). Laut Satzung benennen die Organisationen die folgenden Aufgaben und Ziele:

1.1.1 *amnesty international*[108]:

- Ziel:
    - Beitrag zur Einhaltung der „Allgemeinen Erklärung der Menschenrechte"

- Aufgaben / Methoden
    - Bewußtseinsbildung zur Bedeutung von Menschenrechten und Grundfreiheiten
    - Einschreiten bei Verletzungen gegen Meinungsfreiheit, Freiheit von Diskriminierung, körperliche und geistige Unversehrtheit
    - Einschreiten bei Inhaftierung oder anderweitiger physischer Beschränkungen von gewaltlosen, politischen Gefangenen
    - Einschreiten bei der Inhaftierung gewaltloser, politischer Gefangener ohne faires Gerichtsverfahren
    - Einschreiten gegen Todesstrafe, Folterung, grausame, unmenschliche und erniedrigende Behandlung
    - Einschreiten gegen das „Verschwindenlassen"
    - Überprüfung und Förderung entsprechender Verfassungen, Konventionen und Maßnahmen
    - Kooperation mit anderen, internationalen Menschenrechtsorganisationen; gemeinsame Öffentlichkeitsarbeit
    - Akquisition neuer Organisationsgruppen, -sektionen, -einzelmitglieder
    - Adoption einzelner politischer Gefangener
    - Finanzielle Unterstützung der oben genannten Opfer von Menschenrechtsverletzungen und deren Angehörigen
    - Rechtsbeihilfe der oben genannten Opfer von Menschenrechtsverletzungen
    - Öffentlichmachung obengenannter Fälle
    - Maßnahmen gegen die Abschiebung in Länder, in denen die Haft als gewaltlose, politische Gefangene, Folter oder Todesstrafe droht
    - Entsendung von Untersuchungsbeauftragten zur Überprüfung der Fälle

---

[108] Vgl. Satzung von amnesty international, Bonn 2000

- Eingaben bei internationalen Organisationen und Regierungen bei Bekanntwerden von Fällen gewaltloser, politischer Gefangener und anderer oben genannter Menschenrechtsverletzungen
- Förderung der Gewährung von Generalamnesien gewaltloser, politischer Gefangener

1.1.2 *Gesellschaft für bedrohte Völker*[109]:

- Ziel:
  - Schutz und Durchsetzung der Rechte eines Volkes auf Sicherheit, Leben, Eigentum und Entwicklung, sprachliche und kulturelle Identität

- Aufgaben / Methode.
- Beschaffung und Verbreitung zuverlässiger Informationen
- Initiierung und Unterstützung von humanitärer und Entwicklungshilfe als Selbsthilfe
- Unterstützung bedürftiger Angehöriger im Ausland

1.1.3 *Deutsches Rotes Kreuz*[110]:

- Ziele.

  - Nächstenliebe
  - Völkerverständigung
  - Frieden
  - Hilfe und Unterstützung Bedürftiger
  - Soziale Gerechtigkeit
  - Würde des Menschen
  - Verbesserung individueller, familiärer und sozialer Lebensbedingungen

- Aufgaben.
  - Erziehungs- und Bildungsarbeit
  - Verbreitung der Kenntnisse des humanitären Völkerrechts
  - Hilfe für Opfer von bewaffneten Konflikten, Naturkatastrophen und anderer Notsituationen
  - Verhütung und Linderung menschlichen Leidens, das sich aus Krankheit, Verletzung, Behinderung oder Benachteiligung ergibt
  - Förderung der Gesundheit, Wohlfahrt und der Jugend
  - Förderung nationaler Rotkreuz- und Rothalbmond-Gesellschafte

1.1.4 *Indianerhilfe Paraguay*[111]:

- Ziele:
  - Förderung der rechtlichen Gleichberechtigung und der tatsächlichen Gleichberechtigung indianischer Völker (und gegebenenfalls nichtindianischer Bevölkerungsgruppen) in Paraguay und anderen südamerikanischen Ländern
  - Wahrung der kulturellen, sozialen und ökonomischen Identität indianischer Völker und Gruppen

- Aufgaben / Methoden

---

[109] Vgl. Satzung der *Gesellschaft für bedrohte Völker*, Göttingen
[110] Vgl. Satzung des *Deutschen Roten Kreuzes*, Bonn
[111] Vgl. Satzung der *Indianerhilfe Paraguay*, Wedemark

- Unterstützung der Vorhaben indianischer Völker und Gruppen sowie mit ihnen zusammenarbeitenden Einrichtungen, besonders im Hinblick auf umwelterhaltende Nutzung von Grund und Boden und die Grundlagen der Verbesserung der Ernährung, auf Gesundheit, Aus-, Fort- und Erwachsenenbildung
- Beteiligung an Entwicklungsprojekten für in der Freien Prälatur Alto Parana y Canendiyu lebenden Indianer
- Erarbeitung von Vorschlägen zur Verbesserung der rechtlichen, wirtschaftlichen und sozialen Stellung von Indianern in Zusammenarbeit mit kirchlichen und anderen Organisationen mit gleicher Zielsetzung
- Durchführung entsprechender Maßnahmen

1.1.5 *Greenpeace*[112]:

- Ziele
    - Bewußtmachung globaler Umweltprobleme
    - Verhinderung der Zerstörung der natürlichen Lebensgrundlagen von Menschen, Tieren und Pflanzen
    - Wahrnehmung der Verbraucherinteressen

Aufgaben / Methoden
    - gewaltfreie Aktionen
    - Öffentlichkeits- und Lobbyarbeit
    - Aufklärung und Beratung

1.1.6 *terre des hommes*[113]:

- Ziele:
    - Kinderhilfe
    - Unterstützung von Menschen zur Selbstbefreiung von Unterdrückung und wirtschaftlicher Not
    - Hilfe zur Entfaltung und Umsetzung eines menschenwürdigen Daseins

- Aufgaben / Methoden:
    - Förderung einheimischer Intitiativen statt Entsendung von Entwicklungshelfern
    - Kampagnen-, Lobby-, Öffentlichkeitsarbeit zur Beeinflussung der deutschen Politik und Wirtschaft im Interesse der Kinder, die unter Armut, Ausbeutung oder Kriegsfolgen leiden
    - Schul- und Ausbildungsprojekte
    - Initiativen für Straßenkinder, gegen Kinderarbeit (Kinderprostitution), Flüchtlingskinder
    - Programme zur Ernährungssicherheit und Gesundheitsförderung

1.2 Unterscheidung der Organisationstypen

Nachdem nun die Aufgaben und Ziele der verschiedenen Organisationen dargestellt sind, soll eine kurze Einteilung der Vereine in Organisationstypen ausgeführt werden, von denen anzunehmen ist, daß sie sich auch auf die Öffentlichkeitsarbeit auswirken

---

[112] Vgl *Greenpeace* Satzung , Hamburg
[113] Vgl Satzung *terre des hommes*, Osnabrück

Bereits in der Definition von Nichtregierungsorganisationen wurden zwei Unterteilungen nach Joachim

Hirsch (Problem definierende Organisation, Organisation des agenda settings, lobbyistisch ausgerichtete Organisation, Organisation der starken Projektarbeit) und Karl Ernst Pfeifer (kirchliche Organisation, nichtkommerzielle, private Organisation überörtlicher Bedeutung, politische Stiftung, entwicklungspolitische Aktionsgruppe) vorgenommen (vgl. Kapitel II 1.1) Die genauste Bestimmung einer Organisation ergibt sich dabei aus einer Kombination der beiden Typisierungen sowie aus Mischformen der zwei Einteilungen So ergibt sich hier die folgende Einteilung:

Tab. 5: Organisationstypen

		ai	DRK	GfbV	GP	IP	tdh
Einteilung Pfeifers	Kirchlich / kirchlich initiiert					●	
	Privat, überörtliche Bedeutung	●	●	●	●		●
	Politische Stiftung						
	Entwicklungspolitische Aktionsgruppe					●	
Einteilung Hirschs	Problemdefinition	●	●	●	●		●
	Agenda-setting	●	●	●	●		●
	Lobbying	⊙		⊙	●		●
	Praktische Projektarbeit		●			●	●

⊙ nicht in Satzung verankert, jedoch in Selbstdarstellung erwähnt
● aus Satzung ersichtlich

Die auf den Vereinssatzungen basierende Tabelle zeigt die vielfältigen Kombinationsmöglichkeiten der Nichtregierungsorganisationen. Jede der Organisationen weist mindestens drei Eigenschaften eines bestimmten Typus entsprechend der von Pfeifer und Hirsch getroffenen Einteilungen auf Während sich jedoch in der Einteilung Pfeifers mit Ausnahme der *Indianerhilfe Paraguay* keine Mischformen bilden, kommt es in der Unterscheidung Hirschs zu einem Miteinander der verschiedenen Aspekte Hier ist jedoch zu überlegen, ob eine Organisation, die in einem kirchlichen Rahmen aufgebaut wird, nicht auch gleichzeitig eine private Organisation auf der Basis einer zivilgesellschaftlichen Initiative sein kann. In der Einteilung Hirschs weist nahezu jede der Organisationen klare Arbeitsweisen im Sinne des agenda-settings und gleichzeitig der Problemdefinition auf. Hinzu kommt in den meisten Fällen eine dritte Eigenschaft Während *terre des hommes* alle Züge auf sich zu vereinen scheint, handelt es sich bei der *Indianerhilfe Paraguay* um die einzige Organisation, die sich nur einer Kategorie (praktische Projektarbeit) zuordnen läßt. Da eine der Grundvoraussetzungen der Nichtregierungsorganisationen die private, bzw nichtstaatliche Initiative ist, weisen fünf der sechs Organisationen dieses Merkmal auf und sind überdies noch von der von Pfeifer benannten überörtlichen Bedeutung.

Die starke Betonung der Kombinationen der Problemdefinition und des agenda-settings gibt erste Hinweise auf die Auswirkungen, die dies auf die Bedeutung der Öffentlichkeitsarbeit haben kann. Beide Punkte basieren auf einer Kommunikation mit verschiedenen Adressaten. Hier gilt es herauszufinden, wie sich die unterschiedlichen Organisationsmischformen (Problemdefinition, agenda-setting, Lobbying / Problemdefinition, Agenda-Setting, praktische Projektarbeit / praktische Projektarbeit / Problemdefinition, agenda setting, Lobbying, praktische Projektarbeit) in ihrer Öffentlichkeitsarbeit verhalten und unterscheiden

2. Aufgaben der Öffentlichkeitsarbeit in den untersuchten Nichtregierungsorganisationen

Im Vergleich zu den Ergebnissen Martina Bechers, zeichnet sich auf Seiten der untersuchten Nichtregierungsorganisationen ein ähnliches, wenn auch nicht kongruentes Bild der Aufgabenverteilung in der Öffentlichkeitsarbeit. So zählten die Organisationen in Interviews und zur Verfügung gestellten Materialien die folgenden ÖA-Inhalte der Arbeit der Organisationszentralen auf:

- Aufklärung / Bildungsarbeit
- Aktionsplanung
- Ausstellungen
- Erstellung von Eigenpublikationen
- Förderergewinnung
- Fundraising
- Gestaltung der Homepages
- Informationsstände
- Information der SpenderInnen
- Kampagnenkonzeption
- Medienarbeit
- Mitgliederbetreuung
- Werbung

Einige Punkte wie die Aufklärungs- und Bildungsarbeit, die Erstellung von Eigenpublikationen, Fundraising, Informationsstände, Mitgliederbetreuung und Förderergewinnung, die von Becher nicht erfaßt wurden, treten an dieser Stelle ganz neu auf. Gleichzeitig legen sie bereits die Vermutung nahe, daß Nichtregierungsorganisationen in ihrer Öffentlichkeitarbeit andere oder zusätzliche Schwerpunkte zu denen der allgemeinen Öffentlichkeitsarbeit setzen Andere Punkte, wie Layout-Arbeiten, Film-, Foto- und AV- Produktionen werden häufig an externe Agenturen abgegeben (*DRK*) oder von ehrenamtlichen Mitgliedern, die über die entsprechenden Fähigkeiten verfügen, weitergeleitet (*GfbV*).

3. Ziele der Öffentlichkeitsarbeit von Nichtregierungsorganisationen

Die Ziele der Öffentlichkeitsarbeit im Allgemeinen sind unter Punkt II.3.5 bereits genannt worden, die speziellen Ziele der Öffentlichkeitsarbeit von Nichtregierungsorganisationen jedoch noch nicht In einem Aufsatz der *Greenpeace*-Geschäftsführerin Birgit Radow und dem Mitbegründer des Hamburger „Büros für Publizistik", Christian Krüger, versuchen die beiden Autoren, den Unterschied zwischen der Öffentlichkeitsarbeit eines Wirtschaftsunternehmens und der von *Greenpeace* herauszustellen:

> *„PR soll das Ansehen eines Unternehmens und seiner Produkte fördern und vermeiden helfen, daß das Unternehmen in eine öffentliche Auseinandersetzung gerät Genau darauf aber ziele Öffentlichkeitsarbeit bei Greenpeace. Während für die Organisation das Herstellen von Öffentlichkeit wesentlich ist, fungiert es in Wirtschaftsunternehmen als flankierende Maßnahme für die gewinnbringenden Sektoren "*[114]

Entscheidend ist hier das Ziel der öffentlichen Auseinandersetzung, die die Organisation anregen möchte. Fraglich ist jedoch, wie diese Auseinandersetzung aussehen soll Zwar betont *Greenpeace* den Wunsch, eine Diskussion zu erwecken und grenzt sich somit von den Zielen der Wirtschaftsunternehmen ab, dennoch aber stellt sich die Frage, ob es sich dabei ausschließlich um, von der Organisation kritisierte, Themenbereich handelt, oder ob *Greenpeace* ebenso in einer kritischen Diskussion bezüglich der eigenen Arbeit / der Organisation einen Erfolg ihrer Öffentlichkeitsarbeit sehen würde. Entsprechend der Kommunikationsmuster zeichnet sich in dem Anliegen der Nichtregierungsorganisation ein Bild des Diskursmodells ab, bezüglich der PR Modelle jedoch fällt eine Einordnung schwerer, da es nicht etwa gilt, einen Kompromiß oder

---

[114] Birgit Radow / Christian Krüger· *Öffentlichkeit herstellen*, in· Greenpeace: Das Greenpeace Buch, München 1996, S.213

eine gemeinsame Lösung mit „*Konfliktgegner*" oder „*Kampagnengegner*"[115] zu finden, sondern diese vielmehr ihrer Legitimität beraubt werden sollten Erzeugt werden soll ein „*Rechtfertigungs- und Handlungsdruck*"[116]. Am ehesten trifft diese Strategie und Zielsetzung wohl auf die Asymmetrische Kommunikation Grunig und Hunts zu, eine genaue Einordnung ist jedoch nicht möglich, da es sich hier um ein Modell zu handeln scheint, das in der Betrachtung der beiden Autoren nicht bedacht worden ist

Die Öffentlichkeitsarbeit anderer Organisationen wie *terre des hommes* zielt dahingegen wesentlich stärker auf den Informationscharakter ab. So heißt es in einer Erklärung dieser Organisation·

> „*Ziel der Lobbyarbeit ist es, durch Informationspolitik und der Formulierung von Alternativentwürfen, Einfluß auf die Entscheidung von Wirtschaft und Politik zu nehmen … Ziel [der Öffentlichkeitsarbeit] ist eine breite Öffentlichkeit für die Rechte der Kinder zu schaffen* "[117]

Von Konflikten oder Auseinandersetzungen ist hier nicht die Rede. Insgesamt wirkt diese Darstellung daher weniger aggressiv und kämpferisch und geht mit dem Anspruch eines „*bildungspolitischen Auftrages*"[118] einher.

Öffentlichkeit und damit einen möglichst großen Zuspruch herzustellen, ist der zentrale Ausgangspunkt für viele weitere Ziele, die Nichtregierungsorganisationen zur Durchsetzung ihrer Arbeit anstreben Ein positives Image, das von *terre des hommes* als Ziel der Öffentlichkeitsarbeit angegeben wird, ist wichtig für die Werbung von Spenden- und Fördergeldern[119], sowohl von privaten als auch öffentlichen Stellen Die Öffentlichkeitsarbeit soll ansprechen und eine Diskussion zwischen Bevölkerung und Machthabern erzeugen, Problemsituationen sollen aufgezeigt werden, um letztendlich eine Handlung auszulösen[120] Durch ihre Informationen soll jeder Interessent die Möglichkeit erhalten, sich über die Arbeit der Organisation zu informieren. Dies wiederum zielt neben den finanziellen Unterstützungen auch auf die Werbung neuer Mitarbeiter, auf die Teilnahme an Unterschriftenaktionen etc. ab

---

[115] Vgl. Radow / Krüger 1996, S. 214
[116] Radow / Krüger 1996, S. 215
[117] Im Internet: www.oneworldweb de/tdh/themen/weed htm, 16.01.2001
[118] terre des hommes: zitiert aus der Beantwortung eines Fragenkatalogs, April 2001
[119] Ebd.

Zusammenfassend lassen sich die Ziele der Öffentlichkeitsarbeit von Nichtregierungsorganisationen als eine Problemlösung zur *„Schaffung und Verbreitung von Meinungen, Erwartungen und Einstellungen"*[121] verstehen

> *„Ziel der Kommunikationspolitik ist es, mittels einer dauerhaften emotionalen Bindung zwischen Sender und Empfänger eine zieladäquate Reaktion auf der Empfängerseite zu erreichen"*[122]

Zwar hat Röber mit dieser Zieldefinition bereits einer bestimmten Methodik vorgegriffen, indem er die „emotionale" Bindung mit ins Spiel bringt, deren Nutzen und vor allem Wertigkeit in Frage zu stellen ist, dennoch aber entspricht die Aussage durchaus einem Konsens, der bei Nichtregierungsorganisationen bezüglich ihrer Öffentlichkeitsarbeitsziele zu finden ist.

4. Probleme in der Öffentlichkeitsarbeit von Nichtregierungsorganisationen

Die meisten Nichtregierungsorganisationen weisen, um den eingangs genannten Ansprüchen gerecht zu werden, eine eigene Abteilung für den Bereich Öffentlichkeitsarbeit / Kommunikation auf und investieren einen erheblichen Anteil ihres Budgets in diese Arbeit. Dennoch reichen die hier zur Verfügung stehenden Mittel lange nicht an die der freien Wirtschaft heran

> *„Minimale Unkosten und möglichst kleine Projekt-Begleitungskosten sind eine Selbstverständlichkeit. .. Zu allem Übel fliessen die finanziellen Mittel besonders bei kleineren Institutionen eher spärlich."*[123]

Gerade diese kleineren Organisationen müssen hier besonders kreativ arbeiten. Erika Weber und Reinhardt Brennecke weisen in ihrem Trainingsbuch „Erfolgsfaktor Öffentlichkeitsarbeit – Ein Leitfaden für die PR-Arbeit von Vereinen und Verbänden" auf das große Problem gerade kleinerer Einrichtungen hin

---

[120] Vgl. Cooper 1994, S 213
[121] Vgl. ebd., S. 212
[122] Vgl. Röber, 1987, S 26, aus: Cooper 1994, S 212
[123] Kreis-Muzzulini 2000, S. 11-13

„Presse- und Öffentlichkeitsarbeit läuft bei vielen Vereinen, Verbänden und Gruppen – wenn überhaupt – nebenbei. Die Folgen. Veranstaltungen sind schlecht besucht, die Bevölkerung wird nur unzureichend informiert"[124]

Die Tatsache, daß NRO sich auf eine unterschiedlich stark ausgeprägte Hilfe und Mitarbeit von ehrenamtlichen Helfern stützen müssen, führt zudem zu einer Situation, in der nicht-professionelle Personen versuchen, möglichst professionelle Ergebnisse zu erzielen, was aber nicht immer ganz einfach ist. So schreibt Kreis-Muzzulini

„Gerade hier, in der Welt der Wohltätigkeit, ist eine Arbeitsweise weg vom <<Gutgemeint>> zum <<Bessergemacht>> dringend notwendig. .. Die erfolgreiche Umsetzung eines sozialen Projekts erfordert ganzheitliches Denken, Handeln und Auftreten unter Einsatz aller Kräfte einer Organisation."[125]

Die Aneignung von Fachkenntnissen, bzw. der Einbezug von Fachkräften scheint unabdingbar. Je nach Größe und Möglichkeiten der Organisation können diese Anforderungen in unterschiedlichem Ausmaß erfüllt werden Manche bieten Fortbildungsmöglichkeiten, Seminare, Themenabende und Austauschmöglichkeiten an, große Organisationen leisten sich das Fachpersonal. NRO die zudem einem Dachverband angehören, genießen diese Vorteile in einem entsprechend umfangreicheren Angebot, in dessen Rahmen sie sich zudem über ihre eigenen Erfahrungen und die anderer Organisationen austauschen und diese erweitern können.

Ein weiteres Problem der ehrenamtlichen Tätigkeit, das nicht nur, aber auch die Öffentlichkeitsarbeit betrifft, liegt in einem scheinbar sinkenden Engagementwillen. So heißt es in einem Kommentar von *amnesty international* bezüglich des, von den Vereinten Nationen erklärten, „Jahr des Ehrenamtes" 2001.

„Die Zahl der Unterstützer der Menschenrechtsorganisation wächst kontinuierlich, aber in den klassischen ai-Gruppen sinken die Mitgliederzahlen seit Jahren – nicht dramatisch, aber doch mehr oder weniger konstant [ ] die Zahl der regelmäßigen Förderer geht seit Jahren stetig nach oben."[126]

Es handelt sich hierbei um einen Punkt, der auch von Dr Johannes Hesse angeführt wird. Der größte Teil der aktiven Mitglieder stammt aus den Gründungsjahren der Organisation, viele von ihnen sind bereits Rentner Hesse betont die Schwierigkeit, neue

---

[124] Reinhardt Brennecke, Erika Weber *Erfolgsfaktor Öffentlichkeitsarbeit – Ein Leitfaden für die PR-Arbeit von Vereinen und Verbänden*, Bonn, S 13
[125] Kreis-Muzzulini 2000, S 11-13

Mitglieder für die aktive Arbeit zu gewinnen, was sich in erster Linie auf eine Vernachlässigung der Öffentlichkeitsarbeit auswirkt, obwohl eine Verstärkung auf diesem Gebiet als erstrebenswert angesehen wird [127]

Die passive Bereitschaft, die Bereitschaft zu einer finanziellen Unterstützung scheint also größer zu sein, als die Bereitschaft oder Kapazität der aktiven, ehrenamtlichen Mitarbeit. Auch der „EMNID-Spendenmonitor" aus dem Jahr 2000 bestätigt diese Tendenz mit einer Untersuchung zu „Wertschätzung und tatsächliche Unterstützung von gemeinnützigen Organisationen" [128] Das folgende Schaubild verdeutlicht diese Diskrepanz anhand einiger der später untersuchten Organisationen

Abb. 4: Wertschätzung und tatsächliche Unterstützung der Organisationen

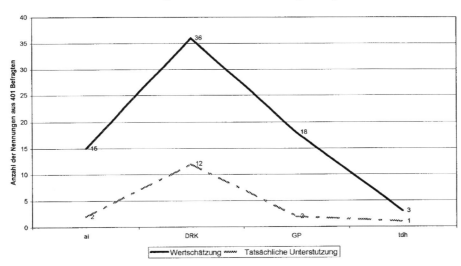

Schaubild nach Angaben des EMNID-Spendenmonitor 2000

Es besteht eine eindeutige Abweichung zwischen dem allgemeinen Zuspruch und der Unterstützungsbereitschaft. 33% der Befürworter des *DRK* und von *terre des hommes* unterstützen diese Organisationen tatsächlich, 13% sind es bei *amnesty international* und nur 11% bei *Greenpeace*.

Des weiteren haben auch die Öffentlichkeitsarbeiter von Nichtregierungsorganisationen mit einem Imageproblem zu kämpfen. Öffentlichkeitsarbeit wird häufig als ein anderer

---

[126] Britta Lax-Engel. „*Was ich kann, ist unbezahlbar*", in ai-Journal 1/2001, S. 16
[127] Telefoninterview mit Dr Johannes Hesse, Indianerhilfe Paraguay, 10.07 2001

Name für Werbung verstanden[129], die in einer unkritischen Weise auf reinen Stimmenfang ausgerichtet ist, statt eine objektive Berichterstattung zu liefern. Hinzu kommt eine gewisse Abgestumpftheit oder Ermüdung des Publikums, die sich durch eine langjährige Überflutung von Zuspruch suchenden Organisationen erklären lassen kann. Horand Knaup beschreibt dies in einer sarkastischen Weise mit den folgenden Worten·

> *„Ach, wie war das einfach! Das Bild eines unterernährten Kindes (schwarz) in der Tagesschau, bittende Worte der Priester (weiß) von der Kirchenkanzel [..] – und die Millionen flossen. Lange Jahre sicherten monotone Appelle an Solidarität und Gewissen, nüchterne Hinweise auf den Reichtum im Norden und die Armut im Süden den Hilfsorganisationen ein ordentliches Auskommen [...] so ist es nicht mehr [...] das Mißtrauen gegenüber den Organisationen ist gewachsen, die Zahl der kleinen und großen Organisationen hat sich vervielfacht. Aber auch die wirtschaftlichen Rahmenbedingungen sind schlechter geworden [..]"[130]*

Es handelt sich also um einen Zustand, welchen die Organisationen sich bewußt machen müssen, um neue Wege zu finden, über die sie ihre Glaubhaftigkeit und ihren gesellschaftlichen Wert vermitteln können und der gleichzeitig zu einer neuen Diskussion anregt.

Als letzten Punkt führt Sandra Schillikowski von der *Gesellschaft für bedrohte Völker* die Konkurrenz zu den Medien an, die sich in ihrer Entwicklung zur „4. Macht" in einer gegenwärtigen Gesellschaft nicht mehr lediglich auf die Vermittlung von Informationen beschränken und hier mit den NRO zusammenarbeiten, sondern die ihrerseits unabhängig Themen bestimmen und recherchieren und dabei in einer Art Wettstreit mit den Organisationen konkurrieren[131] Dies führt zu einer erschwerten Medienarbeit und Plazierung der Organisationsthemen innerhalb dieser Landschaft.

---

[128] Vgl. TNS-EMNID-Spendenmonitor 2000, aus www.sozialmarketing de/zahlen.htm, 20.12 2000
[129] Vgl. Becher 1996, S.43
[130] Horand Knaup: *Hilfe, die Helfer kommen*, München 1996, S. 113
[131] Telefoninterview mit Sandra Schillikowski, Gesellschaft für bedrohte Völker, 28 04 2001

5. Der Stellenwert von Öffentlichkeitsarbeit bei den untersuchten Nichtregierungsorganisationen

Öffentlichkeitsarbeit ist die *„kommunikative Schnittstelle der jeweiligen Organisation"*[132]. Dieser Behauptung zufolge läge genau hier die Möglichkeit, mit Hilfe der Öffentlichkeitsarbeit Mißverständnisse zwischen Publikum und Unternehmen zu klären sowie Unkenntnis zu beseitigen. Dementsprechend hoch müßte der Status der Öffentlichkeitsarbeit innerhalb der Organisationen ausfallen. Über den Stellenwert, den die Öffentlichkeitsarbeit im internen Betrieb einnimmt, kann bereits ein Blick in die jeweilige Satzung und Selbstdarstellung Auskunft geben Zusätzliche Bewertungsmaßstäbe wurden Selbstdarstellungen, Interviews und der Existenz von Öffentlichkeitsarbeit spezifischen Festlegungen innerhalb der Organisationen gewonnen. Die folgende Tabelle bietet hierfür einen Überblick.

Tab. 6: Stellenwert der Öffentlichkeitsarbeit innerhalb der Organisationen

	Satzung	Selbstdar-stellung	Internes Handbuch / Leitlinien für ÖA	Feste Mitarbeiterzahl für ÖA	Stellenwert ÖA laut Interview
ai	●	●	●	13	●
DRK	◉	◉	●*	13	●
GfbV	◉	●	○	5	●
Greenpeace	◉	●	●	24	k.A
IP	○	○	○	1	◉
tdh	●	●	●	18	●

Einbezug, Festlegung und Beschreibung der Öffentlichkeitsarbeit in die Organisationsstruktur
○ keine Erwähnung / nicht vorhanden   ◉ undetaillierte Erwähnung / im Ansatz vorhanden
● hohe Bedeutung / vorhanden
* nicht konkret als solche benannt aber ausführlich beschrieben

Es zeigt sich, daß die meisten Organisationen die Öffentlichkeitsarbeit als einen zentralen Punkt ihrer Arbeit anerkennen. Zwar weisen nicht alle Satzungen explizit auf diese Bedeutung hin, dennoch aber wird eine Zentralität besonders in der durchgeführten Befragung und der Selbstdarstellungen deutlich Auch die Tatsache, daß mehrere Organisationen eigene Leitlinien oder ein internes Handbuch zum Umgang mit der Öffentlichkeit aufweisen, trägt zu diesem Gesamtbild bei Das Fehlen des Punktes Öffentlichkeitsarbeit in einigen Satzungen läßt sich vielleicht dadurch erklären, daß sich der Punkt Öffentlichkeitsarbeit meistens im §2, dem Vereinszweck, finden läßt Dieser

Punkt wiederum bietet einen breiten Spielraum Der Zweck kann zum einen das reine Endziel darstellen, das heißt, den Effekt, den die Arbeit herbeiführen soll, zum anderen aber auch die einzelnen Schritte, die zu dem erwünschten Ziel führen. Die Ausführungen der Aufgaben und Zweckbeschreibung im Hinblick auf die Öffentlichkeitsarbeit variieren dementsprechend. In der internationalen Satzung von *amnesty international* heißt es zum Beispiel unter dem Abschnitt Methoden, Punkt 2·

> *„ In order to achieve the aforesaid object and mandate, AMNESTY INTERNATIONAL shall.*
> *d) support and publicize the activities of and co-operate with international organizations and agencies which work for the implementation of the foresaid provisions;*
> *h) publicize the cases of prisoners of conscience or persons who have otherwise been subjected to disabilities in violation of the aforesaid provisions;*
> *i) investigate and publicize the disappearance of persons where there is reason to believe that they may be victims of violations of the rights set out in Article 1 hereof"*[133]

In der Auflistung von 13 Methoden wird drei Mal direkt auf die Öffentlichkeitsarbeit hingewiesen. Ferner heißt es in dem, der deutschen Satzung angehängten, Arbeitsrahmen unter der Beschreibung der Aufgaben von Gruppen (Punkt 2) und Bezirken (Punkt 3)·

> *„2*
> - *Grundlegende Darstellung der Ziele und des Mandats von amnesty international gegenüber der Öffentlichkeit*
> - *Werbung und Betreuung von Mitgliedern und Förderinnen*
> - *Öffentlichkeitsarbeit zu einem bestimmten Schwerpunkt oder allgemein*
> - *Menschenrechtserziehung*
> *3*
> - *Presse, Öffentlichkeitsarbeit, Aktionen*
> - *Mitgliederwerbung*
> - *Menschenrechtserziehung"*[134]

Ebenso wird hier festgelegt, daß im Rahmen der Jahresvollversammlung ein Vorstandsmitglied gewählt werden muß, das für die Öffentlichkeitsarbeit zuständig ist *amnesty international* verfügt außerdem über Handbücher, die die Arbeit der Organisation weitergehend definieren und Anweisungen, gerade im Bereich der Gruppenarbeit und für ehrenamtlich tätige Mitglieder geben. Diese Handbücher, die teils für rein interne Zwecke bestimmt sind, erklären, wie die Gruppen mit ihrer Öffentlichkeitsarbeit umgehen sollen Sie bieten Diskussionspunkte und

---

[132] Becher 1996, S.36
[133] *Statute of amnesty international*; amended by the 23rd International Council Meeting in Cape Town, South Africa, December 1997

Argumentationsstrategien sowie Hinweise auf weiterführende Literatur, anhand derer Mitglieder sich in ihrer Arbeit orientieren können. Alle Punkte sind hierbei jedoch eher theoretisch als praktisch ausgerichtet. Öffentlichkeitsarbeit wird, wie bereits in der Satzung, immer wieder angesprochen, häufig jedoch ohne die Nennung von konkreten, praxisorientierten Vorgehensweisen. Eine Ausnahme bildet hier der Punkt „Menschenrechtserziehung" in dem Handbuch Mandat 3, in dem es heißt:

> *„Durch ihr Menschenrechtserziehungsprogramm möchte amnesty international Bewußtsein und Verständnis schaffen für die Konzepte der Allgemeinen Erklärung der Menschenrechte, der Pakte über bürgerliche und politische Rechte . Das wesentliche Ziel ist es, Einzelpersonen (einfache Bürger oder Regierungsmitglieder), Gruppen oder Institutionen (private oder offiziell) zur ermutigen, sich Einstellungen, Verhaltensweisen und politischen Verfahrensweisen eigen zu machen, die die Menschenrechte fördern. . Ihre [die der Menschenrechtserziehung] Aufgabe ist es, Wissen darüber zu vermitteln, daß in den Beziehungen zwischen Regierungen und deren Staatsbürgern allen Menschen Rechte zustehen. ... Menschenrechtserziehung ist derjenige Arbeitsbereich von ai, der den größten Spielraum für Aktionsideen der Mitglieder bietet.*
> *ai betreibt Menschenrechtserziehung sowohl über formale Kanäle wie Schulen und Bildungseinrichtungen als auch durch informelle Aktivitäten wie z.B. Straßentheater oder Workshops "*[135]

Zu den Zielen und der organisationseigenen Einschätzung der Öffentlichkeitsarbeit bzw. des öffentlichen Handelns heißt es in der Selbstdarstellung der deutschen Sektion:

> *„... die rasante Entwicklung von Medien und Kommunikationstechnologien hat eine wahrhaft internationale Öffentlichkeit hervorgebracht. Diese Öffentlichkeit ist ein bedeutender Faktor für die Durchsetzung der Menschenrechte geworden. ... Auch aus jenen Ländern, die versuchen sich international abzuschotten, dringen inzwischen Informationen an die Außenwelt. Diese Bewegung (amnesty international) ruft immer wieder die Aufmerksamkeit der Öffentlichkeit wach, indem sie Menschenrechtsverletzungen dokumentiert und zu weltweitem Protest auffordert. Diese Proteste zeigen Wirkung: Regierungen sind auf ihr Ansehen in der Weltöffentlichkeit bedacht Wenn der öffentliche Druck stark genug ist, müssen Regierungen zu den Vorhaltungen Stellung nehmen und die Menschenrechtsverletzungen beenden "*[136]

Es geht also klar hervor, daß eine möglichst breite Kommunikation mit der Öffentlichkeit angestrebt wird und diese einen sehr großen Teil der *ai*-Arbeit einnimmt. Die Öffentlichkeit selbst wird als eines der wichtigsten Instrumente zur Zielumsetzung angesehen, ein effektiver Umgang mit ihr ist dementsprechend wichtig

---

[135] amnesty international, Sektion der BRD: *Handbuch Mandat 3, intern – nur für Mitglieder*, Bonn, S.110 f.
[136] amnesty international: *Eine Information über amnesty international*, Bonn 1991, S.31f.

Die Mehrzahl der untersuchten Satzungen (*DRK, Gesellschaft für bedrohte Völker, Greenpeace, Indianerhilfe Paraguay* und *terre des hommes*) weist eine entsprechende Philosophie auf Fünf von sechs Organisationen weisen bereits in ihrer Satzung auf den Stellenwert der Öffentlichkeitsarbeit hin, in ihrer Selbstdarstellung hingegen gehen sie alle, mit Ausnahme der *Indianerhilfe Paraguay*, auf deren Bedeutung ein. Doch selbst die Indianerhilfe verfügt über einen eigens für die Öffentlichkeitsarbeit verantwortlichen Mitarbeiter (ehrenamtlich), und ist über ihre Mitgliedschaft im „Verband Entwicklungspolitik Niedersachsen e.V." einem hier geltenden Verhaltenskodex für die Öffentlichkeitsarbeit unterstellt Die großen Organisationen (*ai, DRK, Greenpeace, terre des hommes*) haben alle eine Abteilung für Öffentlichkeitsarbeit / Werbung / Kommunikation eingerichtet, in denen fest angestellte Mitarbeiter mit der entsprechenden Qualifizierung tätig sind. Problematiken von kleineren Organisationen zeigen sich dahingegen bei der *Indianerhilfe Paraguay*. Diese verfügt zwar über einen Mitarbeiter, der für die Öffentlichkeitsarbeit zuständig ist, dabei handelt es sich allerdings um ehrenamtliche Einzelpersonen, die nebenher auch noch andere Aufgaben innerhalb der Organisation wahrnimmt und kein ausgebildeter Profi auf dem Gebiet der Öffentlichkeitsarbeit ist

Es zeigt sich also, daß alle Organisationen der Öffentlichkeitsarbeit eine hohe Bedeutung beimessen, ungeachtet der diesbezüglichen Festlegung in Satzung oder Selbstdarstellung

5.1 Einnahmen /Ausgaben für Öffentlichkeitsarbeit

Ein weiterer Punkt, in dem sich die Bedeutung der Öffentlichkeitsarbeit widerspiegeln kann, sind die Ausgaben des Gesamtbudgets für diese Arbeit. Auch hier gilt zu bedenken, daß kleinere Organisationen über ganz andere Mittel verfügen, als große, daß private Ausgaben von (ehrenamtlichen) Mitarbeitern im Rahmen ihrer Tätigkeiten oft nicht erfaßt werden und auch Sachspenden in den Darstellungen nicht auftreten. Ebenso verhält es sich mit kostenlosen Dienstleistungen und Unterstützungen, die z B. in Form von kostenlosen Anzeigenplätzen zur Verfügung gestellt, finanziell aber nicht umgerechnet werden Dennoch lohnt sich ein Blick in die, von den Organisationen angegebenen, Zahlen

Tab. 7: Ausgaben für die Öffentlichkeitsarbeit

*	Einnahmen insgesamt	Ausgaben insgesamt	Ausgaben ÖA
ai (1999)	14,9 Mio.	13,38 Mio.	2,41 Mio. (18%)
DRK	k.A.	k.A.	k.A.
GfbV (1999)	3,14 Mio.	3,04 Mio	2,16 Mio ** (71,05%)
GP (1999)	65,4 Mio.	69,9 Mio	63,1 Mio ** (90,27%)
IP (1998)	446.902	441.256	6.000 (1,36%)
tdh (1999)	29,89 Mio	21 96 Mio.	3 8 Mio. (17,3%)

* Angaben in DM, gerundet und mit Bezug auf die aktuellsten, zur Verfügung stehenden Zahlen
** Zahlen für Kampagnen, Aktionen und Projekte – eine Aufschlüsselung für Öffentlichkeitsarbeit allein steht nicht zur Verfügung

Alle Angaben sind den jeweiligen Jahresberichten entnommen Unklarheiten, bzw Ungenauigkeiten werden jedoch bei der nicht immer detaillierten Aufschlüsselung der einzelnen Posten deutlich. So gibt *terre des hommes* an, im Jahre 1999 insgesamt 3.799 600 DM für die Öffentlichkeitsarbeit ausgegeben zu haben, darunter fallen die Informations- und Kampagnenarbeit, aber auch die Spendenwerbung [137] Alle drei Faktoren beziehen sich jedoch ausschließlich auf die Arbeit in der Bundesrepublik Deutschland. Die Posten „Projektausgaben" sowie die der „allgemeinen Projektaufwendungen" mögen ebenfalls weitere Ausgaben für die Öffentlichkeitsarbeit bergen, ohne daß dieses jedoch einzeln aufgeschlüsselt wird *Greenpeace* zeigt dies deutlich So entfallen von den 63,1 Mio. DM Ausgaben für die in der Tabelle angegebene Öffentlichkeitsarbeit 15,5 Mio. DM auf den Bereich Kommunikation (*Greenpeace* Nachrichten, Fördererbetreuung, Pressestelle, Broschüren, Plakate, Filme, Kinospots, Fotodokumentationen, Neuförderergewinnung) und 47,56 Mio DM auf Kampagnenkosten (national und international), zu denen Informationskampagnen, Aktionsaufrufe, Rechercheaufträge etc gezählt werden [138]

Als ein weiterer Punkt werden Spenden und Förder- oder Mitgliedsbeiträge häufig unter einem Posten genannt und nicht weiter aufgeschlüsselt *terre des hommes* gibt überdies keinen Extraposten für Gelder aus der Wirtschaft (z.B. Sponsoringeinnahmen) an. Zwar weist die Organisation darauf hin, daß sie „*vorrangig von privaten Spenden*"[139] getragen wird, sie macht aber keine Angaben dazu, wie hoch der eventuelle Anteil aus der Wirtschaft doch ist.

---

[137] Vgl terre des hommes: *Jahresbericht 1999*, Osnabrück 2000, S. 21
[138] Vgl. Greenpeace. *Jahresbericht 2000*, Hamburg 2001, S 15
[139] Ebd.

Ein weiterer Punkt, der in den Jahresberichten generell nicht aufgenommen wurde, ist die bereits angesprochene, nicht finanzielle Unterstützung der Organisationen. Gerade bei wohltätigen und Hilfsorganisationen ist es nicht selten, daß diese sich neben der Geldspendenakquise auch erfolgreich auf eine Sachmittel / Sachleistungsspendenakquise begibt. Dies kann in Form von kostenlosem Anzeigenraum / Werberaum bei Zeitungen, im Fernsehen, Radio usw geschehen oder aber auch etwa durch das zur Verfügung stellen von fachmännischem Know How von Seiten professioneller Unternehmen. *terre des hommes* bietet auch hier ein gutes Beispiel So erklärte sich die Werbeagentur Springer und Jacoby 1999 zu der kostenlosen Konzeption einer Werbekampagne bereit[140] Auf diese Weise dargebotene Arbeits/ oder Einsatzstunden werden im Jahresbericht nicht erwähnt. Ähnlich verhält es sich mit Sachspenden (z.B Medikamente, Kleidung etc.) Die von Mitgliedern selbst finanzierten Ausgaben in der Öffentlichkeitsarbeit sind ebenfalls nicht mit einbezogen.

6. Strategien und Arbeitsweisen in der Öffentlichkeitsarbeit der Nichtregierungsorganisationen

Wie sich gezeigt hat, messen alle NRO der Öffentlichkeitsarbeit eine hohe Bedeutung bei. Dennoch können unterschiedliche thematische Schwerpunkte und Unternehmensphilosophien / -ziele, Organisationsstrukturen, finanzielle Mittel und personelle Kapazitäten zu verschiedenen Strategien in der Öffentlichkeitsarbeit führen. Von den untersuchten Organisationen weisen zwei eine formulierte und dokumentierte Strategie auf· das Deutsche Rote Kreuz und *Greenpeace* So heißt es bei *Greenpeace*:

> *„Die Konfrontation ist das Mittel, ein Anliegen so im öffentlichen Raum zu plazieren, daß gesellschaftlicher Druck entstehen kann Die Aktionen, das Herzstück der Greenpeace—Strategie, sind bereits eine Öffentliche Kundgebung – aber sie würden ohne eine mediale Verarbeitung verpuffen, ganz einfach, weil am Schauplatz des Geschehens durchweg nur wenige Menschen anwesend sind. Eine sozialrelevante Öffentlichkeit für Aktionen und ihr Anliegen entsteht erst durch Fernsehbilder, Fotos und Presseberichte "*[141]

---

[140] Vgl. terre des hommes. *Jahresbericht 1999*, Osnabrück 2000, S. 21
[141] Birgit Radow / Christian Krüger 1996, S. 211

Überdies führt *Greenpeace* einen Vergleich zu dem aus dem Quäkertum stammenden ethischen Prinzips des „bearing witness" an und erklärt dies mit der Aufgabe der Verantwortlichkeit jedes einzelnen *„angesichts unduldbarer Ereignisse und Zustände"*[142].

> *„Aussprechen-was-ist, Änderung anmahnen, Einschreiten, Bekanntmachen. . . Die Greenpeace Öffentlichkeitsarbeit ist eine Verlängerung des „bearing witness" mit den Mitteln moderner Medientechnik"*[143]

Zusammenfassend erklären Radow und Krüger den Satz *„Die Planung einer Kampagne ist die Planung einer öffentlichen Konfrontation"*[144] zu einem inoffiziellen Leitsatz ihrer Strategie, bei der die Öffentlichkeitsarbeit für die Erstellung der öffentlichen Konfrontation verantwortlich ist.

Während *Greenpeace* mit seiner Strategie somit stark an das Ziel der Erzeugung von Handlungsdruck anknüpft und dabei überwiegend auf seine soziale Verantwortung eingeht, nimmt sich das *Deutsche Rote Kreuz* eher einer inner-organisatorischen Strategie an, die auf einer *„integrierten Kommunikationsstrategie"*[145] basiert. Fundraising und die Vernetzung aller PR-Bereiche werden hier unter dem Titel *„Kommunikation und Marketing"* in den Vordergrund gestellt. Hauptanliegen und somit auch Strategie scheinen also nicht die Aufklärung oder Konfrontation mit einem Thema zu sein, sondern viel mehr die Frage, wie neue Gelder gewonnen werden können Eine inhaltliche, auf die Arbeit des *DRK* bezogene, Strategie liegt nicht vor.

Auch wenn die anderen Organisationen über keine ausformulierten Strategien verfügen, so läßt ihre Arbeit jedoch meist bestimmte Vorgehensmuster erkennen, die jedoch aus vielen Teilelemente bestehen So nimmt das Verfassen von Appellbriefen bei *amnesty international*, der *Gesellschaft für bedrohte Völker* und *Greenpeace* einen großen Teil ihrer Öffentlichkeitsarbeit ein. Alle Organisationen bemühen sich um eine möglichst breite Medienpräsenz und um Bürgernähe durch eine Vielzahl von Aktionen Ebenso führen alle Organisationen, mit Ausnahme der *Indianerhilfe Paraguay*, bundesweite Kampagnen durch, in denen die unterschiedlichen Elemente ihrer Öffentlichkeitsarbeit eingesetzt werden Die international tätigen und vernetzten Organisationen (*ai, DRK,*

---

[142] Ebd , S 212
[143] Ebd
[144] Ebd. S 211
[145] aus einem Fragenkatalog an das DRK, April 2001

GP, GfbV, tdh) unterliegen zudem Bestimmungen der Generalsekretariate und nehmen an internationalen Großkampagnen teil.

Für öffentliche Aktionen ehrenamtlicher Gruppen und Mitglieder, vor allem im Rahmen von Kampagnen, geben die Zentralen von *Greenpeace, amnesty international*, der *Gesellschaft für bedrohte Völker* und *terre des hommes* den Rahmen vor und bieten Unterstützung an. Die *Gesellschaft für bedrohte Völker* verfügt in diesen Fällen über einen „Baukasten" zur Ausübung der Tätigkeiten, der Materialien und Hilfen wie Hintergrundinformationen, vorgefertigte Pressemitteilungen, Banner und Plakate beinhaltet [146] Auch das *DRK* stellt eine ähnliche Hilfe zur Verfügung Von der Zentrale können hier ganze Fertigpakete für Aktionstage erworben werden, die jedoch von den Interessenten und Aktivisten (meist von regionalen Verbänden oder Ortsverbänden) bezahlt werden müssen. Diese Pakete enthalten beispielsweise dem Thema entsprechende Flyer und Broschüren, Spiele und kleine Ausstellungen oder Stellwände [147]

amnesty international verfügt zudem über ein Email-Forum, in dem sich Mitglieder und Aktivisten über Ideen und Ergebnisse austauschen können und sich gleichzeitig eine gegenseitige Hilfe ermöglichen sollen Jede Mitteilung wird dabei über einen Emailverteiler an alle Forumsmitglieder verschickt [148]

Gerade bei der relativ kleinen NRO *Indianerhilfe Paraguay*, muß darauf hingewiesen werden, daß hier ein besonders strategischer Augenmerk auf der Akquisition von unentgeltlichen Werbeplätzen (Print, Radio, TV) liegt[149], während große Organisationen wie das *DRK, terre des hommes* und *Greenpeace* durchaus kostenaufwendige Werbekampagnen einsetzen.

Wie es sich sowohl in der Definition von NRO, als auch in der oben gebotenen Darstellung der zu untersuchenden Organisationen bereits gezeigt hat, handelt es sich auch bei den Strategien und Arbeitsweisen in der Öffentlichkeitsarbeit um ein weites Feld, auf dem die Organisationen sowohl auf verschiedenen Themengebieten arbeiten, unterschiedliche Strukturen aufweisen (internationale und nationale Verflechtungen), in

---

[146] Interview mit Sandra Schillikowski, GfbV, 28.4.2001
[147] Vgl. http //www.rotkreuz.de/oeffentlichkeitsarbeit/wrkt2001/freiwillige.htm, 1 4 2001
[148] Ansprechpartnerin: Stephanie Schröder, Abteilung Werbung und Aktionen

der Anzahl ihrer Mitglieder stark variieren und somit auch über völlig differente Kapazitäten und (finanzielle) Mittel verfügen. Hinzu kommen die verschiedenen Kommunikationsmodelle. Wie die konzeptionelle, tatsächliche Umsetzung in der Öffentlichkeitsarbeit im einzelnen aussieht, soll im Folgenden überprüft werden

6.1 Die Beziehung zwischen NRO und Medien

Wie die unter Punkt I. 3 5 (Ziele und Möglichkeiten der ÖA/PR) dargestellte Untersuchung von Barbara Baerns zeigt, kann Öffentlichkeitsarbeit einen durchaus großen Einfluß auf die Medienberichterstattung nehmen. Dies gilt für alle Bereiche, in denen diese angewandt wird für die Wirtschaft ebenso wie für die Politik, für die Kultur oder aber für Vereine und Organisationen jeglicher Ausrichtung Auf der anderen Seite bieten die Medien jene Informationsmöglichkeit eines breiten Publikums. Medien bieten die Möglichkeit des

> „ ... *access for a wide range of citizens to put forward their views, an arena for rational debate on the issues affecting society and the state;   and a check of powerful institutions and individuals* "[150]

Aus diesem Grunde, so schreibt James Curran, war in den letzten Jahren ein starker Anstieg an „*cultural intermediaries*" zu verzeichnen, deren Aufgabe es ist, den Kontakt zwischen Organisationen und Medien zu verbessern[151]. Bezüglich der Beziehung zwischen Nichtregierungsorganisationen und den Medien führt er an anderer Stelle fort

> „. . *the international NGOs are major participants in the definition of issues at national and international levels, using the media as an essential tool for changing popular attitudes and influencing not just states and supranational institutions, but also transnational corporations.* "[152]

Diese Aussage entspricht in vollen Zügen den Vorstellungen der Organisationen selbst (vgl. Punkt II. 3. Stellenwert der Öffentlichkeitsarbeit). Sie sind in höchstem Maße darauf bedacht, ihre Arbeit in den Medien zu präsentieren Gleichzeitig kennen sie aber auch die Probleme, die dieses Bestreben mit sich bringt So heißt es in dem Aufsatz von Radow und Krüger:

---

[149] Vgl http://www.dsk.de/rds/08976033.htm
[150] James Curran. *Media Organisations in Society*, London 2000, S.22
[151] Vgl ebd , S. 29

„Ein beträchtlicher Teil der Öffentlichkeitsarbeit von Greenpeace besteht also in dem Versuch, Informationen aus den Kampagnen in den Medien zu plazieren. Die Folge davon, daß Greenpeace den Großteil ihrer Adressaten nicht direkt, sondern fast ausschließlich über andere Medien erreicht, ist so simpel wie problematisch: Greenpeace-Botschaften erreichen die Menschen nur durch einen Filter.
. Die Greenpeace-Kampagnen sind mit spektakulären Aktionen und mit Enthüllungen in den Medien stärker präsent als mit Argumenten, Hintergrundinformationen und Lösungsvorschlägen – aber nicht deshalb, weil Argumente und konstruktive Ansätze bei Greenpeace fehlen, sondern weil sie weniger Resonanz erzeugen."[153]

Die zuerkannte Bedeutung der Medien steht also einer gleichzeitigen „Filterfunktion" gegenüber, die Medienerwartung des Spektakels einer argumentativen Auseinandersetzung. Dennoch scheint jene Dringlichkeit zur Medienpräsenz ungeschmälert

6.2 Analyse der Medienarbeit der sechs untersuchten Nichtregierungsorganisationen

6.2.1 Pressemitteilungen

Da Pressemitteilungen zu einem der ersten Schritte gehören, über die Medienvertreter angesprochen werden, da sie aber ebenso einen guten Einblick in die Themen und Handlungsweisen einer Organisation geben, sollen diese hier genauer betrachtet werden Das folgende Diagramm zeigt die Häufigkeit bzw Anzahl der herausgegebenen Pressemitteilungen der einzelnen Organisationen im Jahre 2000.

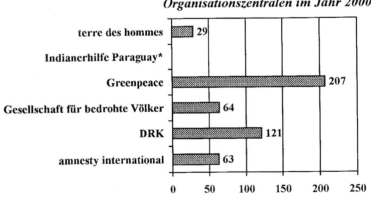

Abb. 5: Anzahl der Pressemitteilungen der Organisationszentralen im Jahr 2000

* *Indianerhilfe Paraguay* keine Angaben

---

[152] Ebd., S. 48

Dem Diagramm zufolge liegt *Greenpeace* bei der Anzahl von Pressemitteilungen weit vorne. Inhaltlich gesehen verteilen sich die 207 Mitteilungen von *Greenpeace* auf eigene Kampagnen, auf Forderungen, Kommentare und Stellungnahmen bezüglich politischer und wirtschaftlicher Entwicklungen in den Bereichen Umweltschutz/ Umweltverschmutzung, Gentechnik und Tier/ Artenschutz, sowie auf *Greenpeace*-Aufrufe zu und Berichte über Aktionen und Veranstaltungen. Aus der Analyse der Pressemitteilungen geht klar hervor, daß in dem vergangenen Jahr (2000) einige Themen in der Arbeit von *Greenpeace* überwogen haben. Dazu gehörten in erster Linie die Themen Gentechnik (45 Mitteilungen), Atomenergie/ Atommüllentsorgung (41 Mitteilungen), Ölindustrie (24 Mitteilungen), Walfang (20 Mitteilungen), Waldschutz (17 Mitteilungen) und TBT (15 Mitteilungen). 6 der 207 Pressemitteilungen kündigen eine Veranstaltung oder Aktion an, während 15 mal auf Aktionsergebnisse (z.B Unterschriften aus Aktionen, Wettbewerbssieger etc) eingegangen wird. Lediglich 3 Mitteilungen betreffen organisationsspezifische Angelegenheiten, wie Jahresversammlungen, Umstrukturierungen etc Spendenaufrufe wurden nicht über Pressemitteilungen abgedeckt [154]

Abb. 6: Inhaltliche Ausrichtung der Pressemitteilungen des Jahres 2000 im prozentualen Anteil der gesamten Mitteilungen

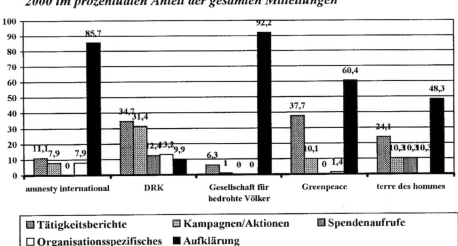

[153] Radow / Krüger 1996, S. 214 / 218
[154] Pressemitteilungen unter: www greenpeace de/cgi-bin/gp_suche/user/suche.cg , 18.01.2001

Das Diagramm gibt die prozentual gemessene Quantität inhaltlicher Ausrichtungen der Pressemitteilungen an. Dadurch zeigen sich schnell erste Parallelen und Unterschiede in den Gewichtungen der einzelnen Organisationen. Während generell die Mitteilungen mit Aufklärungscharakter am stärksten vertreten sind, zeigen sich aber auch hier schon verschieden stark ausgeprägte Strömungen. Organisationen wie die Völker-/ und Menschenrechtsorganisation *Gesellschaft für bedrohte Völker* insbesondere oder aber auch die Menschenrechtsorganisation *amnesty international* nutzen 92,2% bzw 85,7% ihrer Mitteilungen zu Aufklärungszwecken Darunter fallen, insbesondere bei den eben genannten Organisationen, Länderberichte (21 Mitteilungen), in denen die Menschenrechtssituation in einzelnen Ländern dargestellt wird Hinzu kommt eine Vielzahl von Appellen und offenen Briefen an Regierungen und Regierungsvertreter sowie an überstaatliche Institutionen (und deren Vertreter) (19 Mitteilungen).

Die Wohlfahrtsorganisation *Deutsches Rotes Kreuz* (*DRK*) bildet eine ungewöhnliche Ausnahme, da hier, im Gegensatz zu allen anderen untersuchten NRO, die Aufklärung nicht an erster, sondern mit 9,9% sogar an vorletzter Stelle der Pressemitteilungen steht. Statt dessen führen Tätigkeitsberichte und Hinweise auf besondere Aktionen und Kampagnen die Mitteilungen des *DRK* an Ebenso tritt eine starke Imagebildung innerhalb organisationsspezifischer und der aktionsbezogener Mitteilungen hervor Hinweise auf Veranstaltungen wie Benefiz-Auktionen[155] und Galas[156] oder die Ernennung und Arbeit prominenter Schirmherren[157] sind keine Seltenheit und tragen mit dazu bei Pressemitteilungen, die gleichzeitig auch als Spendenaufruf konzipiert sind, sind mit 12,4% vertreten, werden ansonsten aber nur von *terre des hommes* in Anspruch genommen

Eine Gesamtbetrachtung und Analyse der Pressemitteilungen läßt bereits erste Erkenntnisse und Vermutungen zu grundlegenden Prinzipien des Verständnisses und Nutzens von Öffentlichkeitsarbeit innerhalb der einzelnen, untersuchten Organisationen

---

[155] 15 12 2000: *Große Benefiz-Auktion: Letzte Chance – Ersteigern Sie ein Kunstwerk von Beuys-Meisterschülern und helfen Sie Opfern von Landminen*; 6.12 2000. **Internetauktion: DRK versteigert Kunstwerke von Beuys-Meisterschülern zugunsten von Landminenopfern**; 24.11.2000: **Kunstwerkversteigerung von Beuys-Meisterschülern für Opfer von Landminen**

[156] 20 11.2000: Rotkreuz-Benefiz-Gala des Magiers Hans Klok in Berlin

[157] siehe: 3.8.2000· *Jeannette Biedermann wird DRK Botschafterin*, 20 7 2000· *Detektiv-Spektakel um Uwe Hübners Präsentation „Hits und Tipps zur Ersten Hilfe"*, 23 6.2000. *Bundespräsident Rau besucht Berliner Behandlungszentrum*; 13 9.2000: *Prof. Barnard kommt zum Blutspenden nach Mettmann*, 10.4 2000. *Christina Rau gibt Startschuß für größte Kindertagesstätte aller Weltausstellungen*; 29.2.2000 *Rotkreuz-Botschafter Uwe Hübner bei Bergwacht in Garmisch*

zu. Es fällt deutlich auf, daß Aufklärungsabsichten einen ausgesprochen hohen Stellenwert innerhalb der Pressemitteilungen einnehmen und bei fünf von sechs Organisationen dominieren. Dies deutet auf ein, dem Informationsmodell entsprechendes, Kommunikationsmodell hin. In den meisten Fällen werden Kritikpunkte und Stellungnahmen aufgezeigt oder die Organisation bezieht Stellung zu einem bestimmten Sachverhalt Direkte Forderungen an den Rezipienten (den Leser, Nachrichtenkonsumenten etc) / das Publikum werden wesentlich seltener gestellt. Eine reine „Werbung" entsprechend des Publicity Modells tritt in den Hintergrund, wohingegen der Anschein erweckt wird, daß die Organisationen eine kritische Diskussion anregen möchten.

Aus den unterschiedlichen Gewichtungen der Pressemitteilungen lassen sich weiterhin erste Vermutungen über Zusammenhänge zwischen Organisationstypen und deren entsprechenden Wegen der Öffentlichkeitsarbeit ziehen Da es sich bei dem Deutschen Roten Kreuz um eine praktisch agierende Hilfsorganisation handelt, die sich aufgrund ihrer verschiedenen Aufgabengebiete (Katastrophenhilfe, Sanitätsdienst, Förderung der Gesundheit und Wohlfahrt, Verhütung und Linderung menschlicher Leiden etc) nicht grundsätzlich mit philosophisch-politischen Weltanschauungen auseinandersetzen muß, fällt der diesbezüglich meinungsbildende Überzeugungsdruck geringer aus. Es ist unwahrscheinlich, daß ein Publikum davon überzeugt werden muß, daß beispielsweise die Hilfe für Kriegsflüchtlinge, für Erdbeben- oder Unfallopfer etwas Positives ist. Dementsprechend soll mehr auf aktuelle Nöte aufmerksam gemacht werden, als daß grundsätzliche Überzeugungsarbeit geleistet werden muß Eine Überzeugung des Publikums wiederum betrifft vor allem die Überzeugung von der Effektivität der Hilfe und davon, daß jede Unterstützung das rechte Ziel erreicht Auch die bereits angesprochene Imagebildung scheint ein Ergebnis dieser hier aufgeführten Absichten und des ÖA-Konzepts

Auf der anderen Seite stehen die Organisationen, deren Aufgabe in erster Linie in der Bewußtseinsbildung liegt, die dafür aber in geringerem Maße praktisch tätig sind Hierzu zählen von den untersuchten Organisationen vor allem, wenn auch in unterschiedlichem Ausmaß, die Menschen- und Völkerrechtsorganisationen (*amnesty international*, *Gesellschaft für bedrohte Völker*), aber in geringerem Maße auch die Kinderrechtsorganisation *terre des hommes* und die Umweltschutzorganisation

Greenpeace. All diese Organisationen zeichnen sich in ihren Pressemitteilungen, wie bereits erwähnt, durch einen sehr hohen Aufklärungsanspruch aus, geben aber auch Berichte zu ihren Tätigkeiten, zu Aktionen und Kampagnen. Der Anteil organisationsspezifischer Nachrichten fällt, gerade bei kleineren Organisationen wie der *Gesellschaft für bedrohte Völker*, geringer aus

Bei der Sammlung der hier untersuchten Pressemitteilungen darf nicht vergessen werden, daß diese lediglich von den jeweiligen bundesdeutschen Zentralen herausgegeben worden sind Nachrichten einzelner, lokaler Ortsgruppen wurden dabei nicht in Betracht gezogen, obwohl diese die Anzahl der Mitteilungen auf jeden Fall deutlich erhöhen und, organisationsabhängig, wahrscheinlich auch zu einer Umverteilung der thematischen Gewichtung führen würde Gerade in Organisationen wie *amnesty international* oder *Greenpeace*, die sehr stark auf die Arbeit ihrer Ortsgruppen ausgerichtet sind, beschäftigen diese sich gleichzeitig mit anderen Themenschwerpunkten, wie z B. der Fallarbeit bei *ai* oder lokalen Aktionen wie bei *Greenpeace* und *ai*. Dementsprechend dürfte auch die Analyse der regionalen Pressemitteilungen ausfallen Hier wird es sich weniger um Länderberichte, Regierungsappelle oder Großaktionen wie nationale oder internationale Kampagnen handeln, als um kommunale Kleinaktionen, regionale Belange oder Berichte um die eigenen Fallarbeit. Hieraus mag es auch abzuleiten sein, daß bei einer Organisation wie *Greenpeace* die Mitteilungen über Aktionsergebnisse, diejenigen über Aktionsankündigungen stark überschreiten.

6.2.2 Medienpräsenz in Funk und Fernsehen

Wie einleitend bereits angesprochen, fällt eine Auswertung aufgrund der breit gestreuten Medienlandschaft schwer Selbst Radio- und Fernsehsender sahen sich auf meine Anfrage hin nicht in der Lage eine Aussage über die Häufigkeit und den Rahmen ihrer Beiträge zu den jeweiligen Organisationen zu machen. Ähnliches gilt für die Organisationen selbst. Die *Gesellschaft für bedrohte Völker* konnte angeben, daß sie im Jahre 2000 in ca. 23 Radiointerviews oder –beiträgen sowie in ca 13 Fernsehsendungen zur Sprache gekommen war. Angaben von *terre des hommes* belaufen sich auf ca 12 Fernsehbeiträge und 30 Radioberichte, in denen die Arbeit der Organisation dargestellt oder zumindest erwähnt wurde

Eine Recherche im Internetarchiv von ARD und ZDF ergab folgende Angaben zu Beiträgen zu den entsprechenden Organisationen:

Abb. 7: Fernsehbeiträge in ARD und ZDF zu den untersuchten Organisationen

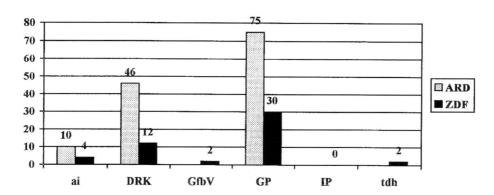

Anzahl der Trefferquote bei Eingabe des Organisationsnamen in die Archiv-Suchmaschine des jeweiligen Senders. Angaben ohne Eingrenzung auf einen bestimmten Zeitraum

Bei den privaten Sendern Kabel 1, Pro7, RTL, SAT1 und VOX war eine diesbezügliche Recherche nicht möglich.

Eine umfassende quantitative Auswertung ist also im Rahmen dieser Arbeit unmöglich, doch auch eine qualitative Auswertung fällt, aufgrund der nur unzureichenden Informationen schwer. Quantitativ gesehen wird deutlich, daß auch bei der Anzahl der nachvollziehbaren Fernsehanteile *Greenpeace* die anderen Organisationen weit übertrifft. Inhaltlich kann hier festgehalten werden, daß elf der erfaßten „Auftritte" Erwähnungen im Rahmen der Tagesschau entsprechen, was beim *DRK* eine Anzahl von 10 Nennungen ausmacht. *Amnesty international* wurde in der Tagesschau nur ein Mal erwähnt. Es muß aber auch festgehalten werden, daß diese Nennungen sich auf eine zeitlich nicht begrenzte Zeit beziehen und keine Gewähr auf Vollständigkeit zulassen. Gleiches gilt für das ZDF. Hier findet sich zwar eine breitere Abdeckung von Organisationen, der quantitative Wert fällt aber geringer aus als in der ARD. Genauere Betrachtungen lassen die Aussage zu, daß (die untersuchten) Nichtregierungsorganisationen im ZDF überwiegend im Rahmen der Sparten „Ratgeber – Info, Tipps & Adressen"[158] und „Wissen – Kultur & Abenteuer[159] Beachtung finden.

---

[158] Vgl http://www.zdf.de/ratgeber/index htm, 15.04.2001

Diese Sparten umfassen die Sendungen „Aktenzeichen XY", „ZDF.umwelt", „Mona Lisa", „mittagsmagazin", „Volle Kanne Susanne", „Streit um Drei", „WISO", „Praxis", „reiselust" und „Recht und Justiz" (Ratgeber) sowie „aspekte", „Wunderbare Welt", „37 Grad", „Discovery", „Roman Welten", „Was war heute vor ?", „ZDF Expedition", "The History Channel", „Das literarische Quartett", Wissenschaft 2000/2001" und „Zeugen des Jahrhunderts" (Wissen). Die Organisationen werden dabei in ein aktuelles Thema eingebunden, indem ihre Arbeit zu einem bestimmten Thema dargestellt wird Ein Beispiel hierfür ist die ZDF-Sendereihe „Preis der Macht" in der Sparte Wissen, die vom 27. April 2000 bis zum 27. Juli 2000, donnerstags (unregelmäßige Abstände) zwischen 0.00 und 2 00 Uhr ausgestrahlt wurde. Diese setzte sich aus zehn Dokumentarfilmen zusammen, die in der Programmankündigung wie folgt beschrieben wurden·

> *„Sie kämpfen um ihre persönliche Freiheit oder für das Wohl des Staates, an den sie glauben Sie wollen Gerechtigkeit oder endlich nur Ruhe im Land. Unterdrückte und Unterdrücker, Widerstandskämpfer und Militärs, Geheimdienstbeamte und Journalisten [ ] Die Schauplätze sind über die ganze Welt verteilt und vor dem Blick der Öffentlichkeit meist verborgen, so im Ghetto, im Gefängnis, in Arbeitslagern oder in der eigenen Familie "*[160]

Im Rahmen dieser Sendereihe wurde während des Films „Dem Tod auf der Spur" (ZDF, 11 Mai 2000, 0 15 Uhr), der die Arbeit von Kriegsberichterstattern dokumentiert, auf die Organisation Reporter ohne Grenzen hingewiesen Zwar bildete diese keinen Schwerpunkt des Films und wurde eher am Rande erwähnt, dennoch aber wurde das Publikum in groben Zügen über deren Arbeit informiert In die Sendung „37 Grad" vom 3. Januar 2001 wurde ein Feature mit dem Titel „Minen, Mord und Medien" über Reporter ohne Grenzen integriert Dieses umfaßte eine Selbstdarstellung inklusive eines kurzen geschichtlichen Abrisses der Organisation, sowie eine Bilanzierung der Verstöße gegen Meinungs- und Pressefreiheit, Angriffe auf, Festnahmen und Inhaftierungen von Journalisten

Im „mittagsmagazin" vom 8. Oktober wurde zum Thema „Adoption" mitgeteilt, daß *terre des hommes* bei der Suche nach den leiblichen Eltern von Adoptivkindern aus Krisengebieten behilflich ist Es fand eine kurze Darstellung sowie die Bekanntgabe der Kontaktadresse statt. Ähnliche Beispiel lassen sich auch für *amnesty international*

---

[159] Vgl http·//www zdf.de/wissen/index htm, 15.04.2001

(„Mona Lisa," 28. November 2001, Thema: „Frauen in Bangladesch", „37 Grad", 7. Dezember 2000, Thema: „Lebenslänglich Todesstrafe") oder das Deutsche Rote Kreuz („WISO", 7 Februar 2000, Thema· „Patientenverfügung, Vorsorgevollmacht, Betreuungsverfügung") finden.

Das Problem des „medialen Desinteresses" im Bezug auf „nicht spektakuläre" Themen[161] scheint insofern bestätigt, als daß Nichtregierungsorganisationen zwar in Fernsehsendungen erwähnt werden, seltener aber die Gelegenheit zu ausführlichen Berichten und Selbstdarstellungen erhalten Expertengespräche, längere Features, regelmäßige Sendeplätze oder gar eine eigene Sendung sind die Ausnahme, zu der es wenn, dann häufig in Fällen aktueller Anlässe kommt. Am 3 April 2001 beispielsweise, berichtete der NDR in einer 30-minütigen Ausgabe der Sendung „N3 Reportage" (N3, 21 45 – 22.15 Uhr) ausführlich über die Aktionen und Gegenbewegungen von *Greenpeace* und *Robin Wood* zum Castor-Transport. Aktionsteilnehmer beider Organisationen bezogen ebenso Stellung, wie der leitende Polizeichef. Es entstand ein detailliertes Porträt der Aktivitäten, Hintergründe und Konflikte

Ein weiteres positives Beispiel bietet die 3Sat Sendung „Recht brisant". Jeden zweiten Donnerstag im Monat wird hier unter dem Titel „Ein Fall für amnesty" über einen aktuellen Fall von Menschenrechtsverletzung berichtet. Die kalkulierbare Kontinuität der Ausstrahlung gibt einem Publikum, das nicht enger mit der Organisation verknüpft ist, eine regelmäßige Informationsmöglichkeit. Ein ähnliches Modell vertritt die Organisation Reporter ohne Grenzen (Menschenrechtsorganisation) in Kooperation mit dem Radiosender Deutschlandfunk In der Rubrik der Frühsendung „Informationen am Morgen" (5.05 – 9 00 Uhr) hat die Organisation seit dem 6 April 1998 einen eigenen Sendeplatz mit dem Titel „Artikel 19"[162] erhalten, der an jedem ersten Montag im Monat um 8:20 Uhr ausgestrahlt wird und in dessen Rahmen über ausgewählte und besonders eklatante Übergriffe auf Journalisten berichtet wird [163] Auch die NDR „Bingo! Umweltlotterie" bietet ein gutes Forum für Nichtregierungsorganisationen des Umweltschutzes und der Entwicklungszusammenarbeit.[164] Jeden Sonntag um 17.00 Uhr

---

[160] Vgl. http://www.zdf.de/wissen/preisdermacht/37130/index.htm, 15.04.2001
[161] Vgl Birgit Radow / Christian Krüger 1996, S. 218
[162] Mit Bezug auf Artikel 19 der Genfer Menschenrechtskonvention. Meinungs- und Informationsfreiheit
[163] Vgl. im Internet. http://www.dradio.de/cgi-bin/user/fm1004/cs/neu-artikel19/, 17 03.2001
[164] „Bingo" – Die Umweltlotterie" entspringt der Arbeit der Arbeitsgemeinschaft „Neue Bundeslotterie für Umwelt und Entwicklung". Zusammenschluß 1993. Mitglieder. UNICEF Deutschland, terre des

werden hier von der Lotterie finanzierte Umwelt- und Entwicklungsprojekte vorgestellt und gleichzeitig Gewinne im Wert von 500 bis 150.000 DM ausgeschüttet Die Zuschauerzahlen liegen bei 600 000 Personen.[165] Zwischen 1997 und 1999 hat die Lotterie ca. 11 Mio. DM eingespielt[166].

Die Umweltlotterie erfüllt somit mehrere Kriterien, die für eine erfolgreiche Öffentlichkeitsarbeit der Organisationen von höchster Bedeutung sind: sie informiert über Projekte und Organisationen, sie schafft eine gelungene Transparenz bezüglich der Verwendung eingenommener Gelder und sie spielt Gelder ein. Beachtlich ist zudem die relativ hohe Zuschauerbindung Hinzu kommt die Tatsache, daß die Umweltlotterie selbst kleinen Vereinen, wie der *Indianerhilfe Paraguay*, die Möglichkeit zu einem Auftritt und der Darstellung ihrer Projekte gibt.

Mit teilweise anderen Ansprüchen werden Medienkooperationen zwischen Sendern und Organisationen durchgeführt, die häufig in Form von TV-Galas, kommentierten und moderierten Benefizkonzerten oder Unterhaltungsshows ausgetragen werden. Eine dieser Sendungen war die ZDF-Veranstaltung „Michael Jackson and Friends" Am Samstag, dem 12 Juni 1999, fand im Münchner Olympiastadion ein Festival zugunsten der *UNESCO* und des Deutschen Roten Kreuzes statt, bei dem internationale Stars wie Ringo Starr, die Scorpions, Patricia Kaas, Udo Jürgens, die Kelly Family, Nigel Kennedy und Michael Jackson (als Hauptact) vertreten waren. Zwischen 20.15 und 23.05 Uhr strahlte das ZDF den, zu diesem Zeitpunkt live stattfindenden Teil im Fernsehen aus Im Anschluß daran folgte eine Zusammenfassung, des Tagesprogramms ZDF-Unterhaltungschef Viktor Worms kommentierte die Ziele der Veranstaltung in einem Interview·

> *„Der zentrale Punkt ist natürlich der Benefizcharakter der Veranstaltung. Am Ende geht es weniger um Quoten, sondern mehr darum, daß viel Geld zusammenkommt für die UNESCO und das Rote Kreuz Wir werden in der Sendung zeigen, wofür das Geld verwendet wird Wir hoffen, daß die Fernsehzuschauer ähnlich fleißig spenden, wie das bei vergleichbaren Veranstaltungen in der Vergangenheit der Fall war Denn es gibt genügend Menschen auf der Welt, und vor allem Kinder, die das Geld dringend brauchen."*[167]

---

hommes, Misereor, Kindernothilfe, Deutsche Welthungerhilfe, Bund für Umwelt und Naturschutz (BUND), Greenpeace, Naturschutzbund Deutschland (BUND), World Wildlife Foundation (WWF) Deutschland Ziel. „durch eine unabhängige Spendenlotterie zusätzliche Finanzmittel für die nationale und internationale Projektarbeit zu beschaffen, diese Projektarbeit in der Öffentlichkeit darzustellen und Freiwillige zu gewinnen." (vgl. im Internet: www neue-bundeslotterie.de/ueberuns/ueberuns.htm)
[165] Vgl. http://www.ndr de/presse/archiv/200002012 htm, 15.04.2001
[166] Vgl. http://www.ndr de/presse/archiv/199912281 htm, 15.04.2001
[167] http://www.zdf de/unterhaltung/michael-jackson/17673/index.htm, 10 04.2001

Das *DRK* band das Konzert als ein Ereignis in seine Kampagne „Abenteuer Menschlichkeit" ein und verloste in diesem Rahmen, zusammen mit dem ZDF, fünf T-Shirts, die von Klaus Meine, Vanessa Mae, Sasha und anderen Konzertteilnehmern signiert worden war.

Gemessen an den Zuschauerzahlen und dem Spendenergebnis war das Konzert ein Erfolg. Ca 6,24 Mio.[168] Zuschauer verfolgten die Sendung. 2,5 Mio. DM[169] Spendengelder konnten verbucht werden, die Ergebnisse wurden intervallweise eingeblendet. Hintergrundinformationen über die Arbeit des *DRK* oder der *UNESCO* wurden jedoch nur in begrenztem Maße ausgestrahlt Es handelte sich dabei um kleine Filme über die Arbeit des *DRK*, die jedoch, ohne Kommentare und nur mit der Musik von Michael Jackson unterlegt, ausschließlich auf eine visuelle Vermittlung ohne stichhaltige Informationen setzten.

Die Schwierigkeiten, mit denen konfrontative Organisationen zu kämpfen haben, zeigen sich anhand eines Beispiels der NRO *Greenpeace* Von September bis Dezember 1997 wurden auf RTL sechs Ausgaben der Sendung „Greenpeace TV" ausgestrahlt. Laut Angaben von *Greenpeace* stellte RTL die Sendung nach Ablauf der ersten Staffel aufgrund von Meinungsverschiedenheiten zwischen Sender und Organisation bezüglich der Eigenständigkeit der *Greenpeace* TV-Redaktion ein Eine der Ursachen soll die Tatsache gewesen sein, daß wichtige Werbekunden des Senders (z B Nestlé) in Beiträgen kritisiert wurden.

> *„Außerdem hätte RTL gerne mehr „Action" gehabt, was aber nur dann möglich war, wenn es tatsächlich größere Aktionen von Greenpeace gab."*[170]

Es zeigen sich hier zwei von *Greenpeace* häufig kritisierte Punkte. a) das mediale Desinteresse bei unspektakulären Präsentationsformen, b) eine Übermacht wirtschaftlicher Interessen auf Seiten der Medien und Kampagnengegner [171]

---

[168] Angaben auf Anfrage an das ZDF, 6.4 2001
[169] Angaben auf Anfrage beim DRK, 20.4 2001
[170] Zitiert aus der Antwort auf eine Anfrage an die Greenpeace Pressestelle vom 18.02 2001
[171] Vgl Radow / Krüger 1996, S. 214

Die Verteilung der Nichtregierungsorganisationen auf Fernsehsendeplätze zeigt ein deutliches Übergewicht „großer", bereits etablierter Institutionen Dieses läßt sich wohl am ehesten dadurch erklären, daß der Sender davon ausgehen kann, bei einem „anerkannten" Verein entweder auf eine allgemeine Zustimmung, oder aber im Falle von spektakulären Aktionen, wie etwa bei *Greenpeace*, auf eine gewisse Sensationslüsternheit des Publikums zu stoßen Dem Sender, der sein Geld durch möglichst hohe Zuschauerzahlen macht, wird eher an Publicity als an kritischen, Werbekunden abschreckenden, Diskussionen gelegen sein Diese Spektakel schließen eine anschließende Diskussion zwar nicht grundsätzlich aus, rücken sie aber an eine hintere Stelle auf der Prioritätenliste Nachteilig äußert sich dies aber für die „kleinen" Organisationen, die damit zu kämpfen haben, auf diesem Wege eine größere Öffentlichkeit (die Massenöffentlichkeit / Massenkommunikation) zu erreichen

6.2.3 Medienpräsenz in den Printmedien

Da das Angebot an Printmedien das der Radio- und TV-Sender noch um ein Vielfaches übersteigt, kann auch hier nur eine exemplarische Auswertung vorgenommen werden. Zu diesem Zweck sollen im Folgenden drei Periodika im Bezug auf die untersuchten Organisationen ausgewertet werden. Es handelt sich dabei um das Wochenmagazin „Spiegel" (Auflage: 1,03 Mio)[172], um die bundesweite Tageszeitung „Frankfurter Allgemeine Zeitung" (FAZ, Auflage ca 1 Mio)[173] und um die Regionaltageszeitung „Westdeutsche Allgemeine Zeitung" (WAZ, 28 Lokalausgaben, Auflage insgesamt. 750 000)[174]. Gerade der Vergleich einer Regionalzeitung mit bundesweiten Periodika ist dabei von besonderem Interesse. Das Beispiel WAZ vertritt mit 28 Lokalausgaben nicht nur die Interessen eines gesamten Landes oder Großraumes, sondern auch die speziellen Interessen und Anliegen vieler Kleinstädte, deren Nachrichten in den Lokalteilen zur Sprache kommen Auf diese Weise wird somit auch den bisher weniger beachteten Arbeiten lokaler Gruppen der Nichtregierungsorganisationen Beachtung geschenkt

---

[172] http://www spiegelgruppe.de/medienangebot/index.htm#medienangebot/spiegel/auflage htm, 04.05 2001
[173] http //www.faz-verlag de/IN/Intemplates/verlag/overview asp?rub.htm, 04.05 2001
[174] http://www.waz.de/free/waz service.set-000 html, 04 05 2001

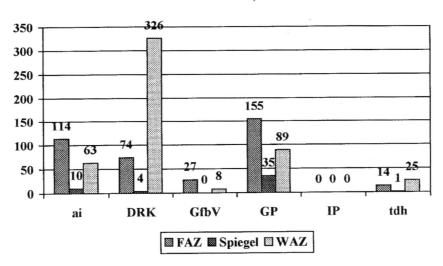

Abb. 8: Anzahl der Beiträge zu Nichtregierungsorganisationen in Printmedien, 2000

Auswertung auf Basis der Archivfunde für das Jahr 2000

Das Diagramm gibt Aufschluß über die Anzahl der Artikel, die im Jahr 2000 in den jeweiligen Zeitungen erschienen sind Von den drei Periodika sticht die WAZ deutlich als dasjenige mit den meisten Artikeln bezüglich der untersuchten Organisationen hervor. Insgesamt 520 Beiträge konnten hier im Jahre 2000 zu den 6 NRO verzeichnet werden 405 diesbezügliche Artikel wurden in der FAZ veröffentlicht, während der Spiegel mit 50 Berichten deutlich in der Quantität zurückliegt. Eine klare Diskrepanz zeigt sich auch in der Verteilung der erschienenen Beiträge auf die Organisationen. während das *DRK* insgesamt 404 Mal vertreten war, *Greenpeace* 279 Mal und *amnesty international* 187 Mal, wurde über *terre des hommes* nur 40 Mal berichtet. Die *Indianerhilfe Paraguay* hingegen wurde in keinem der Periodika erwähnt

Als Ursache für diese unterschiedlichen Verteilungen lassen sich mehrere Gründe vermuten· der Spiegel, als ein Wochenmagazin, erschien im Jahre 2000 52 Mal während die Tageszeitungen 313 Mal (bzw. 365 Mal mit den Sonntagsausgaben) publiziert wurden Rein quantitativ bildet die Kategorie Tageszeitungen somit ein weit höheres Potential als das Wochenmagazin

79

Auch die Betrachtung der Ergebnisse, der jeweiligen Organisationen lassen weitere Schlüsse zu. Hier ist es das *DRK*, das die anderen Organisationen weit überragt. Bei einer genauen Betrachtung zeigt sich, daß die Organisation mit 326 von 520 Artikeln in der WAZ 62,7 % der untersuchten WAZ Veröffentlichungen ausmacht Da die WAZ als Regionalzeitung für Westdeutschland aber nicht nur über den allen Städten gemeinsamen Mantel verfügt, sondern überdies auch Redaktionen in den einzelnen Städten selbst unterhält, ist ein Analyse dieser Aufteilung ratsam

Abb. 9: Verhältnis der WAZ-Beiträge zu Nichtregierungsorganisationen im Jahr 2000: Lokalteil / Mantel

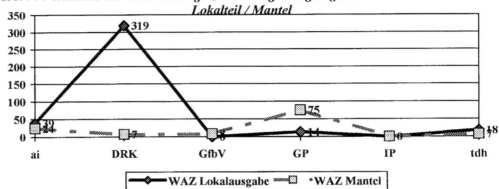

Das obige Schaubild verdeutlicht das quantitative Verhältnis zwischen den Artikeln im allgemeinen Mantel der WAZ und den einzelnen Stadtteilen Auch hier sind erneut erhebliche Unterschiede zu verzeichnen, die sich am stärksten beim *DRK* auswirken Von den 326 Artikeln sind 319 (97,85%) in Lokalausgaben erschienen Im Verhältnis umgekehrt, wenn auch nicht in den gleichen Ausmaßen wie beim *DRK*, verhält es sich bei den Berichten über *Greenpeace* 75 (84,27%) von 89 Beiträgen erschienen im Mantel *terre des hommes*, die insgesamt mit 25 Artikeln vertreten war, weist immerhin 72% (18 Berichte) in den Lokalteilen auf, während Themen der *Gesellschaft für bedrohte Völker* mit 100% (8 Artikel) im Mantelteil aufgegriffen wurden. Bei *amnesty international* hingegen ist die Verteilung mit 39 / 61,9% (Lokalteil) zu 24 / 38,1% (Mantel) Berichten eher ausgewogen

Schlußfolgernd zeichnet sich ein klares Bild ab. das *DRK* und *terre des hommes*, aber auch *amnesty international* scheinen in den Printmedien auf einer lokalen Ebene stärker präsent zu sein als *Greenpeace* und die *Gesellschaft für bedrohte Völker*. Der Vergleich zwischen diesem Ergebnis und einer Untersuchung der Anzahl von Orts- bzw regionalen Gruppen läßt eine Vermutung deutlich werden. das Deutsche Rote Kreuz verfügt nach eigenen Angaben über ca. 5.000 Ortsvereine und 13.400 Rotes Kreuz-Gemeinschaften, *amnesty international* über 664 Orts- und Regionalgruppen. Die Arbeit von *terre des hommes* wird von 150 Gruppen unterstützt Stellt man dem die 85 Gruppen von *Greenpeace* oder die 20 Gruppen von der *GfbV* gegenüber, so erklärt sich dieses Verhältnis nahezu von selbst. Die Arbeit von ehrenamtlich tätigen Mitgliedern führt zu einer verstärkten Präsenz auf dem lokalen Zeitungsmarkt, während die zentralen Stellen der Öffentlichkeitsarbeit sich eher überregionalen Medien widmen Die drei gruppenstärksten Organisationen (*DRK*, *ai*, *tdh*) weisen die größte lokale Präsenz auf. Fast 79% aller untersuchten Zeitungsmeldungen / -berichte des *DRK* erschienen in lokalen Zeitungsteilen, bei *tdh* macht dieser Anteil 45% aus, bei *ai* 21%.

6.2.4 Nichtregierungsorganisationen im Internet

Von den befragten Organisationen *amnesty international*, *Deutsches Rotes Kreuz*, *Gesellschaft für bedrohte Völker*, und *terre des hommes* ordneten alle dem Internet den höchsten Stellenwert (5) zu [175] Alle untersuchten Organisationen weisen eine ausführliche Homepage auf, von denen jedoch die Homepage der *Indianerhilfe Paraguay* im Untersuchungszeitraum (November 2000 – Mai 2001) aus personaltechnischen Gründen nicht aufrufbar war, bzw. nur der Rahmen ohne weitere Informationen zu Verfügung stand Die abrufbaren Internetseiten der Organisationen beinhalten durchgehend sämtliche aktuellen Pressemitteilungen und mindestens die des letzten Jahres, Darstellungen von Kampagnen, aktuellen Themen und Aktionen, Hinweise auf Möglichkeiten des eigenen Engagements (Adressen von Gruppen und Sektionen, Darstellung der Tätigkeitsmöglichkeiten etc.), die Möglichkeit zur Kontaktaufnahme mit der Organisation via Email, ein Verzeichnis aller Publikationen, sowie teilweise Auszüge aus diesen und die Möglichkeit zur Online- Bestellung. Ebenso gibt es auf jeder Homepage einen Online Shop, in dem Produkte der Organisation erworben werden können Einen weiteren gemeinsamen Punkt bildet die Möglichkeit des Online-Spendens. Alle Organisationen bieten einen extra Internetverteiler (Mailingliste) für Journalisten an, über den diese regelmäßig über Pressemitteilungen, Aktionen, Themen und Kampagnen in Kenntnis gesetzt werden. Mit Ausnahme der Homepage des *DRK* stehen zusätzlich bei allen Organisationen die aktuellen Ausgaben der entsprechenden Eigenzeitschrift / Mitgliederzeitschrift im Netz. *Greenpeace* hat zudem das *Café Greenpeace* eingerichtet – ein Internetforum, das

---

[175] Frage Welchen Stellenwert hat das Internet auf einer Skala von 1 – 5 (1= keine Bedeutung, 5 =

Interessierten die Möglichkeit zu Austausch und Diskussionen bietet *Greenpeace* und *terre des hommes* weisen zudem eigens für Kinder konzipiert Seiten auf.

Die *Gesellschaft für bedrohte Völker* ermittelte, daß in der Zeit vom 1. Dezember 2000 bis zum 31. März 2001 die Anzahl der Homepagebesucher von 15 954 auf 21 383 stieg und weist damit auf einen positiven Trend hin, der sich bereits im Vorjahr abzeichnete.[176] Die Anzahl der einzelnen aufgerufenen Seiten lag mit 45.580 / 64.155 zudem weit über der der generellen Homepagebesucher. *terre des hommes* teilte mit, ca 1 400 Homepagebesucher pro Tag zu verzeichnen [177]

Die unter Punkt II 3.8 aufgezeigten Vorteile des Internets scheinen sich also auch auf die Öffentlichkeitsarbeit von Nichtregierungsorganisationen zu übertragen Mit den steigenden Zahlen von Internetnutzern im Allgemeinen scheinen auch die Besucherzahlen der Homepages der Organisationen zu steigen. Emailverteiler werden stark genutzt, Mitglieder, Journalisten und Interessierte können so auf einem, im Vergleich zur Post, kostengünstigen und schnellen Weg informiert werden. Aufgrund eines aktuellen und ausführlichen Angebotes an Informationen kann der Nutzer sich relativ problemlos und weltweit über die Aktivitäten informieren.

6.3 Zusammenfassung der Medienarbeit

Zusammenfassend kann festgehalten werden, daß alle Organisationen der medialen Öffentlichkeitsarbeit einen hohen Stellenwert einräumen und versuchen, diesen, den zur Verfügung stehenden Kapazitäten und Mitteln entsprechend, zu bedienen Es zeigt sich aber auch das Problem kleinerer Organisationen, denen sowohl geringe personelle Kapazitäten (= Zeit und Know-How), als auch finanzielle Mittel zur Verfügung stehen.

Auch inhaltliche Unterschiede, Schwerpunkte und Strategien werden deutlich Während Pressemitteilungen mit Aufklärungscharakter bei *amnesty international*, der *Gesellschaft für bedrohte Völker*, *Greenpeace* und *terre des hommes* im Vordergrund stehen, rangieren diese beim *DRK* an letzter Stelle Statt dessen überwiegen hier die Sparten Tätigkeitsberichte, Kampagnen und Aktionen. Imagebildung scheint hier zu den primären Zielpunkten der Medienarbeit zu gehören.

---

höchste Bedeutung) für die Öffentlichkeitsarbeit Ihrer Organisation?
[176] Gesellschaft für bedrohte Völker *Arbeitsbericht 2000 – März 2001*, Göttingen 2001, S 56
[177] Angaben entsprechend dem Fragenkatalog an tdh, April 2001

Auffällig ist, daß die kleinste der untersuchten Organisationen – die *Indianerhilfe Paraguay* - sowohl in den Printmedien, als auch in den untersuchten Fernsehsendern nicht beachtet wurde. Bei einem Vergleich dieses Ergebnisses mit dem, unter Punkt III 5 herausgestellten, Stellenwert der Öffentlichkeitsarbeit fällt auf, daß die *IP* die einzige der untersuchten Organisationen ist, die Öffentlichkeitsarbeit weder in ihrer Satzung, noch in ihrer Selbstdarstellung anspricht, der Stellenwert also verhältnismäßig gering anzusiedeln ist. Ebenso ist die *IP* diejenige Organisation mit den geringsten, personellen Kapazitäten für den Bereich Öffentlichkeitsarbeit Konsequenz ist eine hier deutlich sichtbare nicht oder kaum vorhandene Medienpräsenz (vor allem in einer bundesweiten Betrachtung). Eine Analyse der Medien, die sich im direkten Umfeld und Einzugsgebiet der Zentrale der Indianerhilfe befinden, würde hier vielleicht andere Ergebnisse zu Tage bringen, Informationen hierzu lagen jedoch nicht vor.

Der von *Greenpeace* geprägte Begriff und Kritikpunkt des medialen Interesses / Desinteresses wird durch die Ergebnisse verstärkt. Spektakuläres wird von den Medien stärker unterstützt als reine Aufklärungsarbeit. Die vom ZDF übertragene Großveranstaltung „Michael Jackson and Friends" ist ein weiterer Beweis dafür, daß Publikumsinteresse und Einschaltquoten Kooperationen im Sinne einer Medien- / oder Projektpartnerschaft bestimmen

7. Betrachtung der Eigenpublikationen der Nichtregierungsorganisationen

Das Spektrum der Eigenpublikationen, die Organisationen für ihre Öffentlichkeitsarbeit nutzen, ist groß. Das folgende Schaubild soll die verschiedenen Wege, die zu diesem Zweck genutzt werden aufzeigen

**Abb. 10: Eigenpublikationen im Bereich der Öffentlichkeitsarbeit
von Nichtregierungsorganisationen**

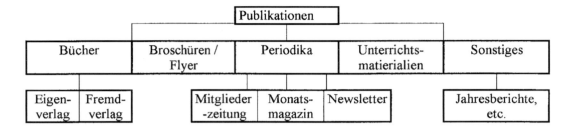

Jede der untersuchten NRO verfügt, unabhängig von Größe / Mitgliederzahlen, über ein gewisses Angebot an Eigenpublikationen, entweder in Form von Büchern, Zeitschriften / Magazinen, Newsletter, Faltblättern, Broschüren oder Unterrichtsmaterialien. *terre des hommes* hat zu diesem Zwecke einen eigenen Verlag (Jungbrunnen Verlag) gegründet, sowie eine Buchreihe, die Romane, Kurzgeschichten, Reportagen und Gedichte zum Thema Kinderrechte präsentiert. Sowohl *terre des hommes* als auch *amnesty international*, das Deutsche Rote Kreuz und die *Gesellschaft für bedrohte Völker* sowie *Greenpeace* weisen ein großes Angebot an thematisch ausgerichteten Broschüren bzw Büchern auf. Während bei *Greenpeace* und dem *DRK* kostenlose Broschüren überwiegen, die entweder bei Veranstaltungen verteilt oder von Interessenten angefordert werden können, so stellen *amnesty international* und die *Gesellschaft für bedrohte Völker* ein breites Repertoire an Büchern und kostenpflichtigen Broschüren zur Verfügung Die meisten der Bücher werden in Eigenproduktion erstellt, andere werden aber auch von Fremdverlagen verlegt und vertrieben Zu den Verlagen, die *ai* Publikationen anbieten gehören der *Querverlag*, *Suhrkamp* und *Fischer Taschenbücher* Veröffentlichungen der *GfbV* erscheinen in den Verlagen*: Verlag Bouvier, Luchterland Hamburg, Verlag C.H. Beck* und *Piper Verlag*

Alle Organisationen, mit Ausnahme der Indianerhilfe, geben mindestens eine regelmäßige Zeitschrift heraus, einige verfügen über ein breiteres Angebot regelmäßiger Periodika Die folgende Tabelle demonstriert das Zeitschriften-Spektrum der untersuchten Organisationen

Tab. 8: Übersicht über die Periodika der untersuchten Organisationen

	Art	Umfang	Auflage
amnesty international			
ai-JOURNAL	Mitgliederzeitung – monatlich	ca. 30 Seiten	43.700
ai news	Mitgliederzeitschrift – vierteljährl.	8 Seiten	17.000
Deutsches Rotes Kreuz			
Rotkreuz Magazin	Informationsmagazin	ca. 30 Seiten	20 000
Das Magazin			1,3 Mio.
Jugend Rotkreuz	Mitgliederzeitung	ca. 30 Seiten	50.000
Gesellschaft für bedrohte Völker			
POGROM	Themenmagazin – 2-monatlich	60 – 80 Seiten	10.000
mailings	Kampagnenblatt		50.000
Greenpeace			
Greenpeace Magazin	Themenmagazin – 2 - monatlich	ca. 70 Seiten	130.000
Greenpeace Nachrichten	Mitgliederzeitung – 3-monatlich		500 000
Indianerhilfe Paraguay			
----	----	----	----
terre des hommes			
die zeitung – terre des hommes	Mitgliederzeitung – monatlich	8 Seiten, DIN A 3	56 000

Auch hier ist wieder ein deutlicher Unterschied zwischen den kleinen und großen Organisationen zu erkennen. Während Institutionen wie *amnesty international*, *Greenpeace* und das *Deutsche Rote Kreuz* gleich unterschiedliche Angebote und hohe Auflagen in ihren Periodika aufweisen, steht der Indianerhilfe diese Mittel nicht zur Verfügung

Von allen aufgeführten Organisationen ist *terre des hommes* die einzige, die ihre Mitgliederzeitung „die zeitung"[178] auch Nichtmitgliedern auf Anfrage kostenlos zur Verfügung stellt. Das ai-JOURNAL[179] kann von Nichtmitgliedern abonniert werden und kostet dann DM 40,-/ Jahr *Greenpeace*, ist die einzige Organisation, die neben ihren Mitgliederzeitungen „Greenpeace Nachrichten"[180] auch ein Magazin herausgibt, das im freien Handel, d.h. in Zeitschriftenläden und Buchhandlungen, zu erhalten ist. Die *Gesellschaft für bedrohte Völker* strebt für ihr Magazin POGROM[181] ähnliches an, konnte dies aber derzeit nur in einem Buchladen in Göttingen erzielen

Das „Greenpeace Magazin"[182] mit seiner Auflage von 130.000 Stück wird derzeit alle zwei Monate ausgeliefert. Es beschäftigt sich mit Umwelt relevanten Themen, die sich

---

[178] terre des hommes Deutschland. *die zeitung*, Osnabrück
[179] amnesty international, Sektion Deutschland. *ai-JOURNAL*, Bonn
[180] Greenpeace Deutschland. *Greenpeace Nachrichten*, Hamburg
[181] Gesellschaft für bedrohte Völker. *POGROM*, Göttingen
[182] Greenpeace Deutschland. *Greenpeace Magazin*, Greenpeace Umweltschutzverlag, Hamburg –

nicht ausschließlich auf *Greenpeace*-Kampagnen beziehen. Dabei wird der Eindruck eines Wissenschaftsmagazin erweckt, das auch Bewegungen und Aktivitäten anderer Organisationen oder „Einzelkämpfer" betrachtet, das Mißstände aufzuzeigen versucht und über wissenschaftliche Fortschritte des Umweltsektors berichtet

Alle oben aufgeführten Magazine und Zeitschriften sind frei von Fremdanzeigen, lediglich POGROM weist pro Ausgabe ein bis zwei Anzeigen zu themenverwandten Fremdpublikationen auf.

Um einen genaueren Einblick in die Aufmachung und Art der Botschaftenübermittlung zu erhalten soll im Folgenden das „ai-Journal" exemplarisch analysiert werden.

7.1 Beispiel einer Mitgliederzeitung: Das amnesty – journal

Das *ai-Journal – Das Magazin für Menschenrechte*, erscheint monatlich mit einer Auflage von derzeit etwa 43.700 Exemplaren Es ist gedacht als eine Mitgliederzeitschrift der deutschen amnesty Sektion, die über aktuelle Themen in Sachen Menschenrechte und *ai* informiert Jedes *ai*-Mitglied erhält das Magazin, der Preis hierfür ist in dem Mitgliederbeitrag enthalten Nichtmitglieder können die Zeitschrift zu einem Preis von 40 DM / Jahr abonnieren Das Magazin ist auf chlorfrei gebleichtem Recyclingpapier gedruckt, der Umschlag jedoch Hochglanz. Werbung innerhalb des Magazins findet lediglich in eigener Sache statt

Der Umfang des *ai*-Journal variiert von Ausgabe zu Ausgabe zwischen etwa 25 und 40 Seiten. Dieser Rahmen ist abhängig von den zentralen Themen, die in der jeweiligen Ausgabe behandelt werden Steht eine außerordentliche Kampagne an oder gilt es, einem Thema besondere Aufmerksamkeit zu schenken, so wird diesem der entsprechende Platz hierfür eingeräumt Vom thematischen Aufbau her, hält sich die Struktur an ein relativ einheitliches Schema. Titelthema, auf das bereits auf der Titelseite mit einem flächendeckenden Foto hingewiesen wird und dem im weiteren Verlauf etwa zwischen sechs bis zehn Seiten gewidmet werden, ein großer Teil zum Thema Menschenrechte, in dem Fallbeispiele verschiedener Länder behandelt werden (ebenfalls ca sechs – zehn Seiten), Rubriken mit den üblichen redaktionellen Hinweise

(Einzelpreis DM 6,50; Abonnement: DM 36,- / Jahr, zu beziehen über inter abo Betreuungs GmbH, Hamburg)

(Editorial, Feedback – Reaktionen und Erfolge, Impressum, Buchtips, Förderer-Aktionen, Briefe gegen das Vergessen, Kurznachrichten, Aktionen, Termine und *ai*-Publikationen) Die Autoren, die zu dem *ai*-Magazin Beiträge leisten, stammen entweder aus der Stammredaktion der deutschen Sektion oder sind Spezialisten auf einem bestimmten Gebiet. In einigen Fällen kommt es auch zu Berichten von Betroffenen, wie z B. Gefangenen, Flüchtlingen, Verfolgten oder „Geretteten".

Nachdem das Journal durch das Editorial, Worte eines speziellen *ai*-Experten zu einem bestimmten Thema, eingeleitet worden ist, folgt zunächst ein Feedback, in dessen Rahmen die Redaktion die Möglichkeit wahrnimmt, über Erfolge und Entwicklungen in der Arbeit von *amnesty international* zu berichten. Dies kann sich sowohl auf die Reaktionen von thematischen Kampagnen und auf Veränderungen, Gesetze und Fortschritte einzelner Länder oder internationaler Organisationen beziehen, als auch auf die Erfolge von Fallarbeiten, d h. auf die Arbeit mit Einzelschicksalen Haftentlassungen von politisch Verfolgten sowie die Einleitung eines fairen und öffentlichen Prozesses sind hier ein häufiges Thema Dem Feedback folgt zunächst das Titelthema und anschließend der Bereich Menschenrechte In beiden Fällen sind neben den redaktionellen und berichterstattenden Beiträgen häufig Interviews mit Experten, Betroffenen und Aktiven zu finden. Gegebenenfalls erhält der Leser Buchhinweise, die aber meistens auf der Seite „Bücher" noch einmal genauer beschrieben werden

In dem Teil „Briefe des Vergessens" wird um eine aktive Mitarbeit geworben Hier werden Fallbeispiele von Menschen vorgestellt, die von amnesty entweder als politische Gefangene eingestuft wurden oder die in ihrer Heimat scheinbar Opfer der Methode des „Verschwindenlassens" geworden sind. Der Leser wird aufgefordert, Briefe, Faxe oder Emails an die entsprechenden Regierungen zu senden und diese um eine sachgerechte Aufklärung des Falls zu bitten, sie auf die Allgemeine Erklärung der Menschenrechte hinzuweisen, Freilassungen zu fordern, das Aussetzen der Todesstrafe zu erzielen oder einen fairen Prozeß einzuleiten Die Anweisungen, die dem Leser und möglichen Aktivisten hierzu gegeben werden, sind konkret und entsprechen der Satzung und allgemeinen Vorgehensweisen von *amnesty international*. So heißt es zum Beispiel in einem Fall.

„Schreiben Sie bitte höflich formulierte Briefe an den pakistanischen Staatspräsidenten, in denen Sie auf das Übereinkommen der Vereinten Nationen über die Rechte des Kindes verweisen und fordern, keine Todesurteile gegen jugendliche Straftäter zu verhängen Schreiben Sie in gutem Englisch oder auf deutsch an "[183]

Überdies wird darum gebeten, eine Kopie des Schreibens an die jeweilige Botschaft des Landes in Deutschland zu schicken Zusätzliche Angaben zu der genauen Frankierung der Briefe (Aerogramm, Standardbrief Luftpost) sollen einen möglichst reibungslosen und sicheren Ablauf garantieren

Die Rubrik „Nachrichten" nimmt ebenfalls einen Raum von durchschnittlich zwei Seiten ein und gibt einen Überblick über die weltweiten Ereignisse im Hinblick auf Menschenrechte und MenschenrechtlerInnen Unter der Rubrik „Aktionen" wird auf einer Seite auf aktuelle Termine und Ereignisse, Tagungen, Ausstellungen etc. hingewiesen, die für *ai*-Interessierte von Belang sein könnten Den *ai*-Publikationen, die auf der letzten Innenseite zu finden sind, ist stets ein Bestellformular beigefügt. Der Mindestbestellwert liegt bei 5 DM und entspricht somit der günstigsten Publikation Einzelbestellungen sind also kein Problem. Auch die hintere Umschlagseite ist komplett der *amnesty international* Eigenwerbung gewidmet. Sie versucht neue Mitglieder zu werben, macht erneut auf die verschiedenen Aktions- und Partizipationsformen aufmerksam und bittet um weitere finanzielle Unterstützungen. Mit einem vorgefertigten Antwortcoupon können weitere Informationen der Organisation angefordert werden.

7.1.1 Beurteilung des ai-Journals

Das ai-Journal ist ein thematisches Magazin, das durch seinen Aufbau und Inhalt sehr überzeugt. Die Leitlinien der Organisation spiegeln sich deutlich wider Die Themen entsprechen aktuellen Anlässen, die den Bezug zwischen Realität, Zeitgeschehen und Botschaft verbinden Weitere positive Merkmale sind der Einbezug von Experten (die nicht ausschließlich aus der Reihe der amnesty-Mitarbeiter stammen) und die Nutzung vielfältiger Darstellungsmöglichkeiten wie Interviews, Reportagen, Darstellungen von persönlich Betroffenen und recherchierten, aufklärenden Beiträgen. Der Leser hat die Möglichkeit, sich sowohl über die Aktivitäten *amnesty international*s zu informieren, als auch Hintergrundinformationen zu Ländern, nationalen und internationalen Entwicklungen im Bereich der Menschenrechtsarbeit zu erhalten. Zusätzlich hat er die

---

[183] ai-Journal ,Aktion des Monats August 1999, Fall Mohammad Saleem, 8/99,,S 23

Chance, selbst aktiv zu werden, indem er an Aktionen wie „Briefe gegen das Vergessen" teilnimmt Gleichzeitig stellt amnesty sicher, daß auch bei jenen Leserbeteiligungen nicht gegen die internen Grundsätze verstoßen wird, indem sie genaue Anweisungen für das Vorgehen und Schreiben jener Briefe erteilen. Die Tatsache, daß selbst kleinste Hindernisse, wie z B die Unwissenheit über die nötigen Portogebühren, entgegengetreten wird, zeigt ein gut durchdachtes Konzept, das auf längeren Erfahrungen zu basieren scheint.

Sämtliche Innenseiten des Magazins sind in schwarz-weiß gehalten, lediglich die Umschlagseiten sind in Farbe. Dies vermittelt, wenn auch häufig im Unterbewußten, den Eindruck von Schlichtheit und Seriosität. Es wird nicht versucht, den Leser durch ein Aufgebot an bunten, spektakulären oder rein mitleiderregenden Bildern aufzuwühlen (wie dies bei reinen Werbebotschaften häufig der Fall ist), sondern vielmehr die Aufmerksamkeit auf Text und Inhalt gelenkt. In dem Verhältnis zwischen Text und Bildmaterial fällt auf, daß der Text deutlich überwiegt. Selbst die verwendeten Fotos appellieren selten an emotionale Regungen wie Mitleid und Zorn, sie stellen wenig Verzweiflung und Tragödie dar, sondern zeigen überraschend häufig das genaue Gegenteil Lächeln und Zuversicht oder gegebenenfalls Skepsis und Erwartung.

Die Artikelüberschriften vermitteln eine gewisse Objektivität statt mittels reißerischer Floskeln und Parolen zu provozieren. Die meisten dieser Überschriften sind so aufgebaut, daß sie zwar das Thema erkennen lassen, jedoch noch keine genaue Richtung des Inhaltes vorgeben. Der Leser wird somit dazu angehalten, den gesamten Beitrag zu lesen, um sich ein Bild über dessen Intention machen zu können.

Durch die Vielfalt der Herangehensweisen und Darstellungen verschiedener Probleme, wird das ai-Journal nicht nur zu einer sehr interessanten, sondern auch aussagekräftigen Lektüre, deren Botschaften wahrscheinlich mehr Menschen interessieren dürften, als jene, die ohnehin schon durch ihre *ai*-Mitgliedschaft ein Interesse an jenen Themen bekundet haben. Zwar liegt das Journal sporadisch an öffentlichen Orten wie Bibliotheken aus, kann so aber keinen festen Kunden- und Interessentenstamm entwickeln Es stellt sich also die Frage, warum die Organisation ihr Magazin nicht in größerem Umfang verbreitet und dieses beispielsweise in Zeitschriftenläden zum Verkauf anbietet (wie z B. *Greenpeace*).

7.2 Zusammenfassung der Eigenpublikationen

Bezüglich der Eigenpublikationen von Nichtregierungsorganisationen zeigte bereits bei der Analyse der Medienpräsenz ein enormer Unterschied zwischen kleinen und großen Institutionen. Während die „Großen" das gesamte Spektrum an Publikationsmöglichkeiten ausnutzen können, müssen die „Kleinen" sich auf einfacher zu erstellende und kostengünstigere Printmedien beschränken. Die *Gesellschaft für bedrohte Völker* verfügt zudem über eine sehr breit gefächerte Anzahl an Veröffentlichungen, die in Kooperation mit Fremdverlagen entstanden sind und somit nicht nur über die Organisation selbst, sondern auch in jedem Buchhandel zu erhalten sind. Dies bietet die Möglichkeit, Menschen auch an anderer Stelle, an der sie nicht mit der Organisation selbst in Kontakt geraten, auf sich aufmerksam zu machen.

Zeitungen und Magazine, wie das Beispiel des ai-Journals gezeigt hat, versuchen in einer sachlichen Darstellung Glaubhaftigkeit und Kompetenz zu vermitteln und gleichzeitig zu Aktionen, Beteiligungen und Engagement aufzurufen Experteninterviews, Darstellungen von Betroffenen, Berichte über Unternehmungen, Arbeitsschwerpunkte, Erfolge aber auch Mißerfolge sind ein Faden, der sich durch das gesamte Angebot der Mitgliederzeitungen und Magazine zieht Kampagnenthemen werden zudem meist mit Sonderpublikationen unterstützt
Faltblätter und Flyer werden von allen Organisationen genutzt Dies läßt sich in erster Linie auf die kostengünstige Herstellungsweise zurückführen. Sie können in großer Menge produziert und dementsprechend verteilt werden. Flyer werden vor allem für eine kurze Selbstdarstellung der Organisation eingesetzt oder aber im Rahmen von Aktionen, die mit einem bestimmten Thema verhaftet sind, verteilt.

8. Nichtregierungsorganisationen im Direktkontakt

8.1 Untersuchung der aktionsorientierten Öffentlichkeitsarbeit / des Direktkontakts

Ausnahmslos alle untersuchten Nichtregierungsorganisationen sind in ausgeprägter Weise darum bemüht, mittels spezieller Aktionen in den Direktkontakt mit ihrem Publikum zu treten. Der Wunsch nach einem medienwirksamen Auftreten ist dabei eines der Anliegen. Häufig werden Ereignisse, wie das Konzert „Michael Jackson and Friends" verdeutlichte, mit einem gleichzeitigen Medienspektakel verbunden. Aber auch bei kleineren Organisationen und Veranstaltungen gilt der Wunsch, mit interessanten Aktionen nicht nur die Menschen vor Ort, sondern auch Medienvertreter anzusprechen, um Veranstaltungen so zur Kontaktaufnahme mit einem breiteren Publikums zu nutzen [184]

Vor allem bei den großen Organisationen ist dabei zwischen den von der Zentrale geplanten und durchgeführten und den von den Orts- oder Regionalgruppen initiierten Aktionen zu unterscheiden. Hinzu kommen jene Maßnahmen, die, häufig im Rahmen ein Kampagne, zentral geplant, und dann von mehreren Orts- / Regionalgruppen ausgeführt werden. Kleinere Organisationen, wie die *Indianerhilfe Paraguay*, der nur zwei weitere Regionalgruppen angehören, planen die meisten ihrer Tätigkeiten zentral.

Fast alle Nichtregierungsorganisationen, die, wie eingangs bemerkt, nur auf ein beschränktes finanzielles Budget zurückgreifen können, haben eine Vielfalt von Möglichkeiten ausgearbeitet, auf die sie hier zurückgreifen können Aufgrund dieses vielfältigen Spektrums ist es unmöglich, jede einzelne der angesprochenen Vorgehensweisen aufzuführen, sie können also nur exemplarisch dargestellt werden Ausstellungen, Konzerte, Flohmärkte, Lesungen etc. sind jedoch häufig gewählte Formen, mittels derer ein Direktkontakt hergestellt werden soll. Die folgende Tabelle basiert auf Aussagen der einzelnen Organisationszentralen, auf Ankündigungen und Eigenerfahrungen. Es kann daher vorkommen, daß Ortsgruppen eventuell zu weiteren Mitteln gegriffen haben, die hier nicht erfaßt werden konnten Dennoch bietet die

---

[184] Telefoninterview mit Sandra Schillikowski, GfbV, 28 04 2001

Tabelle einen Einblick, in das vorgeschlagene und registrierte Veranstaltungswesen und soll die Vielfalt der eingesetzten Wege des Direktkontakts verdeutlichen

Tab. 9: Übersicht über die genutzten Formen und Aktivitäten des Direktkontakts

	ai	DRK	GfbV	GP	IP	tdh
Auktionen	●	●		●		
Ausstellungen	●	●	●	●	●	●
Demonstrationen / Mahnwachen	●			●		
Diashows						●
Feste			●			●
Filmveranstaltungen	●	●		●		
Flohmärkte	●	●				●
Informationsstände	●	●	●	●	●	●
Konferenzen	●		●			●
Konzerte / Benefizveranstaltungen	●	●	●	●		●
Lesungen	●		●			
Protestbriefe	●		●	●		
Schulbesuche	●		●	●		●
Theaterstücke	●					●
Unterschriftenaktionen	●		●	●		
Verkauf von Eigenprodukten	●	●	●	●	●	●
Workshops /Seminare	●*	●		●*		

* nur für Mitglieder / Aktivisten

Ausstellungen, Informationsstände und der Verkauf von Eigenprodukten werden dementsprechend von durchweg allen Organisationen genutzt. Ein weiteres, stark vertretenes, Mittel scheint die Veranstaltung von Konzerten und Benefizveranstaltungen zu sein Hier gilt jedoch zu unterscheiden, ob diese Veranstaltungen von dem Verein selbst organisiert worden sind, ob es sich um eine Kooperation handelt oder Externe sich dazu entschlossen haben, im Rahmen ihrer Veranstaltung für die Organisation einzutreten. Ein sehr populäres und publikumsstarkes Beispiel hierfür bietet die Welt-Eurythmics-peacetour 1999, die zur Unterstützung von *amnesty international* und *Greenpeace* aufrief 250.000 Menschen besuchten weltweit die Konzerte und wurden somit auch mit den beiden Organisationen in Berührung gebracht Der gesamte Erlös (ca. $1.000.000,-) wurde an die NRO gespendet *ai* gab an, daß ein weiterer Effekt der Gewinn neuer Mitglieder gewesen ist [185]

Viele der Aktionsformen bieten sowohl Unterhaltung, als auch Information, einige jedoch sind ausschließlich auf die Informationsvermittlung ausgerichtet Hierzu gehören

---

[185] http://www.amnesty de/i_suche.htm, 18.3.2001

vor allem Ausstellungen, themenbezogene Filmveranstaltungen, Informationsstände, Konferenzen / Seminare, Schulbesuche und Unterschriftenaktionen.

Vier der untersuchten Organisationen (*ai, GfbV, GP, tdh*) binden Schulbesuche in ihre Öffentlichkeitsarbeit ein Hier geht die Öffentlichkeitsarbeit besonders deutlich in die Bildungsarbeit über Eingebettet in eventuelle Unterrichtseinheiten, zu denen die Organisationen, wie Punkt 5 zeigt, ebenfalls Materialien zur Verfügung stellen, scheint dies eine recht vielversprechende Möglichkeit der Vermittlung inhaltlicher Werte und aufklärender Botschaften zu bieten.

Es ist auffällig, daß alle der aufgeführten NRO über zumindest eine eigene Ausstellung verfügen, manche aber auch über mehrere. *Greenpeace* verfügt über 17 Ausstellungen, die allesamt Text und Bildmaterialien enthalten. Einige dieser Ausstellungen sind überdies noch mit Videofilmen, Spielen, Audiocassetten und anderen „Anfaßgegenständen" ausgerüstet. Die behandelten Themen fallen in die Kategorien *Greenpeace* allgemein, Meere, Wald, Öl, Atom, Chemie, Gentechnik, Klima und Verkehr und Wasser [186] Sämtliche Ausstellungen werden von der Deutschen *Greenpeace*-Zentrale kostenlos zur Verfügung gestellt und können, besonders von *Greenpeace*-Gruppen, für ihren Öffentlichkeitsarbeit genutzt werden. Über nur eine Ausstellung verfügt die *Indianerhilfe Paraguay* („Naturvölker in unserer Zeit – Indianer in Paraguay"). Das Ausleihen ist für Interessenten und Gruppen kostenpflichtig (DM 300)[187].

Ebenso wie Ausstellungen, werden auch Informationsstände von allen untersuchten NRO genutzt, wohingegen Demonstrationen / Mahnwachen, Theaterstücke oder Diashows wesentlich seltener eingesetzt zu werden scheinen. Es sei jedoch noch einmal darauf hingewiesen, daß es sich hierbei in erster Linie um Aussagen der Organisationszentralen handelt, die nicht über jede einzelne Aktion ihrer Gruppen informiert sein können.

Neben den in der Tabelle erfaßten Maßnahmen gibt es noch eine Vielzahl an Sonderaktionen, wie die tour des hommes, eine mehrwöchige Fahrradtour die bisher drei Mal stattgefunden hat (1995, 1997, 1999) *tdh* Aktivisten fuhren dabei mehrere

---

[186] Vgl Greenpeace Publikationen *Informationsmaterial und Ausstellungen*, Hamburg, Juni 2000

Wochen durch Deutschland und versuchten mit ihrem Zug, sowie einigen Etappenfesten, eine möglichst große Aufmerksamkeit für ihre Anliegen zu erzielen.

Viele Veranstaltungen der Organisationen und deren einzelnen Gruppen sind in Kampagnen eingebettet. Das Jahr 2001 etwa ist für *amnesty international* gleichzeitig das Jahr der Anti-Folter-Kampagne und des 40-jährigen Organisationsgeburtstages In diesem Rahmen kommt es sowohl auf Seiten der Organisationszentrale, als auch der einzelnen Gruppen zu einer Vielzahl unterschiedlichster Aktivitäten, die sich von Ausstellungen über die Ausrichtung von Gottesdiensten, Infoständen mit Unterschriftenlisten und Spendenaktionen vor Ort bis hin zu Kabarett-Inszenierungen, Diskussionsveranstaltungen, Lesungen, Mahnwachen, etc erstrecken [188] Einige dieser Veranstaltungen werden dabei von prominenten Schirmherren wie Meret Becker, Kai Wiesinger oder Roger Willemsen unterstützt und mitgestaltet

Hilfe steht den Gruppen bei ihrer Aktionsplanung häufig von Seiten der Zentralen zur Verfügung, die entweder weitere Ideen und Anregungen liefern (*amnesty international*) oder fertige Aktionspakete anbieten, wie etwa das Deutsche Rote Kreuz. Hier können Gruppen oder Regional- / Ortsverbände gegen ein Entgelt vorgefertigte und thematisch ausgerichtete Veranstaltungsmaterialien bestellen, die Broschüren, Tips zum Umgang mit der Öffentlichkeit, Plakatwände, Spiele und Spielideen, Flyer, etc beinhalten [189] Auch Handbücher wie etwa die „Regiebroschüre 2001"[190] das „Handbuch Mandat – Intern – Nur für Mitglieder"[191] liefern weitere Anregungen und Anleitungen beim veranstaltungsbezogenen Umgang und Direktkontakt mit der Öffentlichkeit

8.2 Zusammenfassung des Direktkontakts

Der Direktkontakt zwischen Nichtregierungsorganisationen und ihrem Publikum nimmt, trotz der unter Punkt II.3.9 erwähnten generellen Vernachlässigung dieses Bereiches, eine verhältnismäßig wichtige Position ein Die erwähnten Vorteile des Direktkontakts, nämlich der spontane und unmittelbare Austausch zwischen

---

[187] Telefoninterview mit Dr. Johannes Hesse, Indianerhilfe Paraguay, 10 07 2001

[188] Informationen aus dem Email Verteiler· *CATintern: Ideenbörse*, der Abteilung „Kampagnen & Aktionen" der deutschen Sektion von amnesty international. Der Verteiler ist ein Forum für aktive Gruppenmitglieder, die sich hier über ihre Aktivitäten, Ideen, Planungen und Probleme austauschen, Anregungen sammeln und weitergeben, sowie gegebenenfalls mit Ratschlägen oder praktischen Hinweisen zur Seite stehen.

[189] Vgl · z.B. http://www.rotkreuz.de/oeffentlichkeitsarbeit/wrkt2001/freiwillige.htm, 01.04.2001

[190] Deutsches Rotes Kreuz. *Regiebroschüre 2001*, Bonn 2000

Organisation und Publikum, kommen bei vielen der aufgeführten Veranstaltungsmöglichkeiten, wie etwa Schulbesuchen oder Diskussionsveranstaltungen, zum Tragen. Veranstaltungen und Aktionen werden zudem genutzt, um das Interesse der Medien auf sich zu ziehen Gleichzeitig wird hier besonders die ausgesprochen große Bedeutung der Arbeit ehrenamtlicher Mitglieder deutlich Konzepte oder äußere Rahmen werden von den Zentralen zwar vorgegeben, dennoch liegt es aber häufig an dem Engagement der Gruppen, eine möglichst breite Öffentlichkeit zu erreichen und anzusprechen. Die Hilfe, die hierbei von Organisationszentralen angeboten wird, kann dieses natürlich erleichtern, dennoch zeigt sich hier ebenso der Versuch, eine relativ unkontrollierbare und wenig beeinflußbare Tätigkeit ehrenamtlicher Gruppen und Einzelmitglieder zumindest ansatzweise dirigieren und kontrollieren zu können. Das Zurückgreifen auf prominente Persönlichkeiten wird demgegenüber in den meisten Fällen bei Großaktionen von Seiten der Zentralen in Anspruch genommen. Veranstaltungen, in deren Rahmen auf solche Mittel zurückgegriffen wird, können zumindest eine relative Gewähr über Medienwirksamkeit und Publikumsinteresse bieten. Da die Möglichkeiten im Direktkontakt so immens groß sind, sollte hier vielleicht eine Zweiteilung in jene Veranstaltungen mit aufklärendem und bildendem Charakter (Lesungen, Diskussionsabende, Ausstellungen, Schulbesuche, etc) und in solche mit erstrangig unterhaltendem und imagebildendem Charakter (Feste, Konzerte und Benefizveranstaltungen, Auktionen, etc.) vorgenommen werden Allerdings zeigt sich auch eine häufige Kombination dieser beiden Formen. Sehr oft sind Veranstaltungen entweder in größere Kampagnen integriert, werden an bestimmten Daten, wie etwa dem Tag der Menschenrechte, ausgerichtet oder beziehen sich auf aktuelle Ereignisse und Anlässe (wenn z.B. *Greenpeace* mit einer Aktion auf ein bestimmtes Umweltvergehen aufmerksam machen möchte oder das *DRK* nach für bestimmte humanitäre Einsätze Geld sammeln muß).

9. Dachverbände und Öffentlichkeitsarbeit

Alle sechs Organisationen sind einem oder mehreren Dachverbänden oder Netzwerken angeschlossen, mit deren Hilfe sie u.a versuchen, stärker in der Öffentlichkeit

---

[191] amnesty international. *Handbuch Mandat – Intern – Nur für Mitglieder*, Bonn

aufzutreten. Die folgende Tabelle führt all jene Verbände und Netzwerke auf, in denen
ai, DRK, GfbV, GP, IP und *tdh* vertreten sind

Tab. 10: Dachverbands- und Netzwerkszugehörigkeiten der untersuchten Organisationen

	ai	DRK	GfbV	GP	IP	tdh
Bundesarbeitsgemeinschaft der Freien Wohlfahrtspflege		X				
Club Paraguay e.V.					X	
Deutscher Paritätischer Wohlfahrtsverband						X
Deutscher Spendenrat e.V.					X	
Forum Menschenrechte	X		X			
European Alliance with Indigenous People			X			
Eurostep						X
Niedersächsische Arbeitsgemeinschaft für Entwicklungszusammenarbeit					X	
Verband Entwicklungspolitik Deutscher Nichtregierungs- organisationen e.V.						X
Verband Entwicklungspolitik Niedersachsen e.V.					X	

Es zeigt sich bereits ein breites Spektrum unterschiedlicher nationaler und internationaler Zusammenschlüsse. Dies wiederum läßt auf ein großes Kooperationsinteresse von Seiten der einzelnen NRO schließen Die Vorteile, die dieses mit sich bringt, sind den Angebotspaletten der einzelnen Verbände und Netzwerke zu entnehmen, in denen Öffentlichkeits- und Bildungsarbeit eine durchgehend große Rolle spielt So betonen alle Vereinigungen die folgenden Punkte, Aufgaben und Ziele als ihr Anliegen und Selbstverständnis für die Zusammenarbeit.

- Die Bündelung vieler Kräfte und Erfahrungen
- Chance zu Austausch und Dialog innerhalb der Mitgliederorganisationen
- Vertretung gemeinsamer Interessen und Positionen vor einer großen Öffentlichkeit, vor staatlichen und überstaatlichen Einrichtungen
- Fortbildungsmaßnahmen für Mitgliederorganisationen
- Möglichkeit zur Selbstüberprüfung der Arbeit der Mitgliederorganisationen
- Informationen zu aktuellen Entwicklungen auf dem entsprechenden Themen- / Interessengebiet

Arbeitsgruppen, wie etwa die *AG Medien und Öffentlichkeitsarbeit* des *VENRO*, treffen sich in regelmäßigen Abständen Sie tauschen eigene Erfahrungen aus und erarbeiten gemeinsame Konzepte Die Verbände organisieren Tagungen, Seminare, Fachvorträge, die allen Mitgliedern offen stehen. Gemeinsame Beschlüsse, Festlegungen und die Definition des Selbstverständnisses gewährleisten überdies eine Möglichkeit zu Kontrolle und Selbstkontrolle So hat der *VENRO* in Anlehnung an den „Code d`Athène" einen eigenen Kodex zur Öffentlichkeitsarbeit erarbeitet, der eine ethische Verhaltensrichtlinie für alle *VENRO* Mitglieder bieten soll, und als solche auch verpflichtend ist In dem *VENRO* Kodex `Entwicklungsbezogene Öffentlichkeitsarbeit`[192], der als die Schaffung eines Qualitätsstandards in der Öffentlichkeitsarbeit angesehen wird[193], werden Aufgaben und Ziele der entwicklungsbezogenen Öffentlichkeitsarbeit (EBÖ) festgelegt (Ermutigung und Befähigung zur aktiven und verantwortungsvollen Gestaltung einer gerechteren Entwicklungspolitik, Anregung öffentlicher Diskussionen und Dialoge, Informationsverbreitung über die Arbeit von entwicklungspolitischen NRO, Sensibilisierung der Öffentlichkeit für Eigenverantwortung im Alltag und für ein Bewußtsein der Notwendigkeit von strukturellen Veränderungen), Verpflichtungen für EBÖ Schaffende ausgesprochen (Wahrung der Menschenwürde, Offenheit & Wahrheit, Toleranz und Partnerschaftlichkeit, angemessene Kommunikationsmittel / keine „Überrumpelungsmethoden", frauengerechte Darstellung, faire Behandlung von Mitbewerbern, Transparenz und verantwortliche Mittelverwendung) und Ahndungen von Verstößen angedroht.

Frei nach dem Motto „Gemeinsam sind wir stark", offerieren Verbände und Netzwerke also ein Forum des Austausches und des „Voneinander Lernens", sie bieten Weiterbildung und Beratung, die Möglichkeit zu und Koordination von gemeinsamen Projekten und Kampagnen, sowie eine Kontrollinstanz ihrer Mitglieder und eine Hilfe zur Selbstkontrolle

---

[192] VENRO *VENRO Kodex `Entwicklungsbezogene Öffentlichkeitsarbeit`*, Bonn
[193] Vgl. ebd.

10. Öffentlichkeitsbezogene Zusammenarbeit von Nichtregierungsorganisationen

Als letzter Punkt in der Betrachtung der Möglichkeiten und Wege in der Öffentlichkeitsarbeit von Nichtregierungsorganisationen soll an dieser Stelle die Möglichkeit einer Zusammenarbeit zwischen einzelnen Organisationen angesprochen werden. In Dachverbänden und Netzwerken wird dieses bereits praktiziert (vgl. Punkt III.9), hier allerdings eher auf einer Ebene des inhaltlichen Austausches, in Fortbildungen, der Verbreitung von Wissen, Entwicklungen und aktuellen Diskussionspunkten Dieses bezieht sich meist auf ein spezielles Schwerpunktgebiet, das die Organisationen der Zusammenschlüsse verbindet (z.B. der *Dachverband der paritätischen Wohlfahrt*, das *Forum Menschenrechte* oder der *VENRO* mit seinen Mitgliedern aus der Entwicklungszusammenarbeit). Themen- oder arbeitsschwerpunktübergreifende Kooperationen und Kooperationen in der Öffentlichkeitsarbeit sind demgegenüber selten

Ein Grund hierfür ist sicherlich eine gewisse Konkurrenz zwischen den Organisationen Gerade wenn Organisation mit ähnlichen Anliegen auftreten, fürchten sie den Verlust oder die Abwanderung von Spendern zu anderen Träger. Es gibt jedoch einige Beispiele, die die Möglichkeit, mit anderen Organisationen zu kooperieren, aufgreifen, um auf diesem Wege ihre Kräfte, ihre Fachkenntnisse und finanziellen Mittel bündeln, um stärker in der Öffentlichkeit aufzutreten

Eines dieser Beispiele ist eine, von *Greenpeace* und der *Gesellschaft für bedrohte Völker*, geplante Kampagne zum Thema Öl, die im Oktober des Jahres 2001 beginnen soll.[194] Teil dieser Kampagne werden gemeinsame Plakate, Aktionen und Broschüren sein, in denen das Thema Öl, Ölförderung und Ölindustrie auf der einen Seite aus der Sicht der Menschenrechtler und auf der anderen Seite aus der Sicht der Umweltschützer kritisch dargestellt werden soll. Der Bevölkerung / dem Publikum, wird somit die Möglichkeit gegeben zwei verschiedene Seiten eines Themas, zumindest in groben Zügen, kennenzulernen. Dieses könnte zu einer breiter gefächerten Sichtweise aber auch zu einem breiteren Interesse führen. Ebenso könnten Sympathisanten der einen Organisation auf die Interessen der anderen aufmerksam gemacht werden, ohne daß ein akutes Konkurrenzdenken, zu der direkten Gefahr der Spenderabwerbung führen muß Zudem ermöglichen die gebündelten Kapazitäten und Kompetenzen zweier Organisationen einen produktiven Austausch, in dem sich die Organisationen ergänzen und voneinander lernen können Auch die Kosten, mit denen NRO häufig zu kämpfen haben, können für die einzelnen Vertreter reduziert werden

11. Ergebnisse der Öffentlichkeitsarbeit in den untersuchten Nichtregierungsorganisationen

Die mit Sicherheit eindeutigsten und am leichtesten meßbaren Indikatoren der Öffentlichkeitsarbeit sind Spendenergebnisse und die Neugewinnung von Förderern und Mitgliedern. Aber auch hier muß die Frage gestellt werden, zu welchem Zweck eine Organisation Öffentlichkeitsarbeit betreibt Ist ihr vorrangiges Ziel Aufklärung und Diskurs, ist es eine finanzielle Orientierung oder der Imageaufbau Ist die Öffentlichkeitsarbeit Mittel zum Zweck oder ist der Weg das Ziel? Dementsprechend unterschiedlich werden auch die Auswertung einzelner Indikatoren ausfallen, die zur Bewertung der Öffentlichkeitsarbeit hinzugezogen werden.

Zum Image der Organisation *amnesty international* wurden, im Rahmen des „EMNID-Spendenmonitors", die folgenden Ergebnisse bezüglich des Ansehens innerhalb der Bevölkerung gewonnen.

Auf einer Skala von 1 – 5 (1 = schlechtester Wert, 5 = bester Wert) schnitt *ai* mit den folgenden Werten ab [195]

Bewirkt viel:	4,0
Geht sorgfältig mit Spendengeldern um:	4,1
Trifft die richtigen Themen:	4,2
Ist kompetent.	4,2
Arbeitet professionell.	4,2
Ist modern·	3,7
Ist weitblickend	4,2

---

[194] Telefoninterview mit Sandra Schillikowski, Gesellschaft für bedrohte Völker, 28 04.2001
[195] EMNID-Spendenmonitor, in ai Journal· *Jahr des Ehrenamtes*, 2/2001, S. 18

Das Image der Organisation ist also recht hoch angesiedelt Dennoch hat *amnesty international*, wie die meisten Organisationen, mit sinkenden[196] bzw stagnierenden[197] Spendeneinnahmen und (aktiven) Fördermitgliedern zu kämpfen

Eine Umfrage aus dem Jahre 1997 ergab die folgende Rangliste der Organisationen, mit dem höchsten Ansehen innerhalb der Bevölkerung:[198]

Deutsches Rotes Kreuz.   41 Nennungen (Platz 2 nach SOS-Kinderdorf)
Greenpeace: 29 Nennungen (Platz 7)
amnesty international: 22 Stimmen (Platz 9)
terre des hommes   8 Stimmen (Platz 30)

Die Organisationen *Gesellschaft für bedrohte Völker* und die *Indianerhilfe Paraguay* wurden nicht als Option aufgeführt. Hierzu muß gesagt werden, daß dieser Spendenmonitor von den Organisationen finanziert, bzw in Auftrag gegeben wird D.h., das *EMNID Institut* bietet den Organisationen eine Imageanalyse an, in deren Rahmen diesen ein „differenziertes Imageprofil" erstellt und dieses mit den Profilen anderer Organisationen verglichen wird [199] Die Kostenpflichtigkeit dieser Analyse führt natürlich dazu, daß nicht alle Organisationen vertreten sind oder sein können Die Auswahlkriterien der untersuchten NRO sind also beschränkt und ein Nichterscheinen nicht mit einer Wertung oder Bedeutsamkeit gleichzusetzen.

Das Deutsche Rote Kreuz konnte seine Spendeneinnahmen vom Jahre 1998 zu 1999 um 138%[200] erhöhen. Mit dieser Steigerung lag das DRK weit über dem durchschnittlichen Spendenaufkommen von Nichtregierungsorganisationen. Ursache hierfür scheinen zum einen Großaktionen wie das „Michael Jackson and Friends" Konzert (vgl Punkt III.6.6.2) im Rahmen groß angelegter Kampagnen wie „Abenteuer Menschlichkeit" gewesen zu sein, auf der anderen Seite führten aber mit Sicherheit auch aktuelle

---

[196] Vgl. TNS-EMNID-Spendenmonitor 2000, in: Bundesgemeinschaft Sozialmarketing, http://www.sozialmarketing.de/zahlen.htm, 16 03.2001
[197] Vgl. Michael Urselmann· *Zunehmender Verdrängungswettbwerb auf stagnierendem Spendenmarkt*, in bsm-Newsletter 4/2000, S 12 – 14
[198] EMNID-Spendenmonitor 1997. Frage Stellen Sie sich vor, Sie könnten es sich leisten, DM 100 zu spenden. Welchen gemeinnützigen Organisationen würden Sie da auf jeden Fall eine Spende zukommen lassen (Mehrfachnennungen möglich, Basis: 401 Befragte), http //www.hgfd de/cgi-bin/site_active pl?TEMPLATE=/freunge/umfrage/index.htm, 31 03 2001
[199] Vgl. Helmut Apel· *EMNID-Spendenmonitor 1995*, Bielefeld 1995
[200] http://www sozialmarketing.de/zahlen.htm, 16.03.2001

Krisensituationen, bzw. Krisenhilfen wie die „Kosovo – Hilfe" oder die „Türkei – Hilfe" zu diesem Wachstum [201]

Erfolge, die ebenfalls auf eine funktionierende Öffentlichkeitsarbeit zurückzuführen sind, führt *amnesty international* bei seiner Arbeit für politisch Gefangene, Gefolterte und Verschwundene auf. Eines der Hauptelemente dieser Arbeit besteht in der Mobilisierung möglichst vieler Unterschriften und Protestbriefen an Regierungen, unter deren Namen Menschenrechtsverletzungen begangen werden, da

> „*... erst der Druck von vielen Menschen zu politischen Entscheidungen für die Menschenrechte führt* "[202]

1999 konnten so 30 von 500 Fällen, die in den Händen der Deutschen Sektion lagen, erfolgreich zu Ende gebracht werden.[203] Dies äußerte sich entweder in Freilassungen, in rechtmäßigen Gerichtsverhandlungen oder Aufklärungen der Fälle von Seiten der entsprechenden Regierungen.

Die *Gesellschaft für bedrohte Völker* wiederum sieht ihre Öffentlichkeits- und Aufklärungsarbeit als einen Grund dafür, daß Diskussionen, wie die um ein Kriegsverbrechertribunal nach dem Vorbild von Den Haag und Arusha, neu belebt werden konnten [204] Die Bekanntmachung von Fällen ist der Erfolg der Öffentlichkeitsarbeit, auf den, wie bei *amnesty international*, ein öffentlicher Druck aufbaut und der weitere Schritte bewegen soll Als ein weiteres Beispiel nennt die *GfbV* die Verurteilung von drei brasilianischen Goldsuchern im Jahre 2000, die 1993 einen Völkermord an Yanomami-Indianern begangen hatten Auch hier heißt es „*Die GfbV hat dieses Massaker bekannt gemacht* "[205] Sie sieht somit ihre Öffentlichkeitsarbeit als eine Ursache für den anschließenden Prozeß und die Verurteilung.

Ähnliche Beispiele lassen sich für alle Organisationen finden. Die Erfolge der Nichtregierungsorganisation scheinen in großem Maße auch die Erfolge ihrer Öffentlichkeitsarbeit zu sein Hingewiesen werden muß an dieser Stelle jedoch noch einmal auf die Tatsache, daß gerade Organisationen wie *amnesty international*, die

---

[201] Angaben nach dem Fragebogen an das DRK, April 2001
[202] amnesty international. ai Jahresbericht 2000, Bonn 2001, S. 608
[203] Ebd.
[204] Vgl. Gesellschaft für bedrohte völker· *Für eine Zukunft ohne Völkermord*, Faltblatt, Göttingen

Gesellschaft für bedrohte Völker oder in geringerem Maße auch *terre des hommes* und *Greenpeace*, in erster Linie einen aufklärenden Charakter verfolgen und somit eine der Prioritäten in der Öffentlichkeitsarbeit liegt Organisationen wie das *DRK* als klassische Hilfsorganisation oder die, auf die Durchführung von Entwicklungsprojekten ausgerichtete *Indianerhilfe Paraguay*, verfolgen demgegenüber eine verstärkt praktische und projektorientierte Arbeit.

IV.   Abschlußbetrachtung

Wie sich gezeigt hat, spielt Öffentlichkeitsarbeit eine zentrale Rolle bei den meisten Nichtregierungsorganisationen. Ihr Stellenwert und ihre Aufgaben sind zumeist bereits in den Organisatiossatzungen verankert. In Selbstdarstellungen, Handbüchern, Geschäftsberichten etc wird immer wieder auf diese Bedeutung hingewiesen

Öffentlichkeitsarbeit in Nichtregierungsorganisationen - das bedeutet eine Mischung aus Aufklärung, aus dem Kampf um Spendengelder, dem Ziel einer gesellschaftlichen Veränderung, aus Imageaufbau, Prestigepflege und Bildungsarbeit für ein kritisches „Publikum", das bereit ist, gesellschaftliche Verantwortung zu übernehmen Gleichzeitig bedeutet dies aber auch (und dies verschärft für die kleineren Organisationen) Arbeiten mit häufig geringen Budgets, buhlen um die Gunst der Medien, Angewiesensein auf ehrenamtliches Engagement und dementsprechend zeitlich begrenzte Kapazitäten und personelle Ressourcen mit einer nicht immer zuverlässigen Kontinuität in ihrer Arbeit. Professionalität, die zwar in den Zentralen der großen Organisationen vorhanden ist, kann in kleinen Vereinen und ehrenamtlichen Gruppen nicht gewährleistet werden. Hier liegt ein starker Akzent auf der Kreativität, der Motivation und den persönlichen Möglichkeiten einzelner Mitglieder Es sollte jedoch nicht vergessen werden, daß Ehrenamtlichkeit Professionalität nicht ausschließt, sondern sie lediglich erschwert

Sowohl die Öffentlichkeit selbst, als auch die Landschaft der Nichtregierungsorganisationen, hat sich im Laufe ihrer Geschichte verändert Aus einer repräsentativen Verlautbarungsöffentlichkeit des Mittelalters, wie Jürgen Habermas sie darstellt, ist eine massenmediale Öffentlichkeit mit hohen Unterhaltungsansprüchen geworden. Die Anzahl der NRO selbst, hat in den vergangenen Jahren erheblich zugenommen. Gerade Organisationen, die auf überregionaler Ebene erfolgreich agieren wollen, scheinen auf eine breite Medienpräsenz nicht mehr verzichten zu können. Größere Organisationen haben hier aus verschiedenen Gründen ein leichteres Spiel. a) weil sie finanziell und personell besser ausgestattet sind, b) weil sie bereits auf ein gewisses Ansehen und Interesse innerhalb der Bevölkerung aufbauen können Dies ermöglicht ihnen wiederum einen leichteren Zugang zu den Medien. Der anfängliche

Selbsterklärungsbedarf junger, kleiner und unbekannter Organisationen entfällt Dennoch, oder gerade in diesen Fällen, müssen die Organisationen aufpassen, daß sie nicht in eine reine Werbe- / Propagandaschiene geraten, in der der Selbsterklärungsbedarf durch inhaltlose und unkritische Spenden- und Sympathieakquisitionen ersetzt wird Hier besteht die Gefahr, daß, aufgrund mangelnder Informationen und Meinungsbilder, eine Diskursfähigkeit der Gesellschaft gelähmt statt gefördert wird.

Organisationen wie dem *DRK* fällt es, im Gegensatz zu kleinerer Vereinen wie der *Gesellschaft für bedrohte Völker* oder der *Indianerhilfe Paraguay,* leichter, große Stars (z.B Michael Jackson) als Repräsentanten oder Befürworter für ihre Arbeit zu gewinnen und somit auch die Medienwelt auf ihre Seite zu ziehen Der weltweit bekannte Name der Organisation lockt den „Star", der Name des „Stars" lockt die Medien. In Fällen, wie etwa dem „Michael Jackson and Friends" Konzert, wird dies aber als eine reine Geldbeschaffungsmaßnahme genutzt Inhaltliche Botschaften werden nicht vermittelt, bestenfalls werden bei einer Fernsehübertragung mitleiderregende Bilder und Trailer eingespielt.

Greenpeace spricht es deutlich aus· Die Medien wollen publikumsträchtige Spektakel und Sensationen. Erst wenn diese geliefert werden, sind sie bereit, sich in größerem Umfang den Anliegen der Organisationen zu widmen. Ist dies nicht der Fall, werden diese weitestgehend ignoriert. Die meisten Organisationen erkennen dieses Problem und einige versuchen sich, mehr oder minder gerne, darauf einzustellen Auch Konflikte mit anderen Medienpartnern aus der Wirtschaft, wie dies im Fall des „Greenpeace-TV" deutlich geworden ist, können die Medienarbeit, selbst großer und bereits etablierter Organisationen mit positivem Image, behindern. Maßnahmen wie Eigenpublikationen bilden hier einen entsprechenden Schritt nach vorne. Unabhängige Magazine, die im Handel zu erwerben sind, sind dabei bisher nur durch das „Greenpeace-Magazin" vertreten. Hier könnte die Überlegung einer „Nachahmung" für andere Organisationen interessant sein Dennoch wäre auch dies erneut nur für größere, finanzstarke Vereine zu realisieren, da der Kostenaufwand und das Risiko eines Verlustgeschäfts erheblich ist.

Die Bedeutung einer aktiven Öffentlichkeitsarbeit der Regional- / Ortsgruppen wurde besonders bei der Analyse der Printmedien deutlich. Gruppenstarke Organisationen konnten sich hier auf einer lokalen Ebene und in lokalen Zeitungen wesentlich besser behaupten, als gruppenarme Vereine, bzw. Vereine, deren Arbeit hauptsächlich von einer Zentrale gelenkt wird. In der Ansprache regionaler Medienvertreter sowie in Aktionen und dem Direktkontakt, muß ehrenamtlichen Mitarbeitern also eine nicht zu unterschätzende Einflußmöglichkeit zugesprochen werden

Gerade für die kleineren Organisationen ist also der Direktkontakt von besonderer Bedeutung, da diese hier die Möglichkeit haben auch mit geringeren Mitteln auf sich aufmerksam zu machen. Dieser Direktkontakt, der bei NRO, im Gegensatz zu wirtschaftlich und kommerziell ausgerichteten Unternehmen, sehr ausgeprägt ist, fördert ein verstärktes Zusammentreffen zwischen Organisation und Publikum Sowohl die kleinen NRO, als auch die Gruppen der Großen, können dieses Forum besonders gut nutzen, um mit ihrem Publikum zu kommunizieren, Botschaften in kleinerem Rahmen zu verbreiten, zu Protestaktionen (z B Mahnwachen, Demonstrationen, Unterschriftensammlungen) aufzurufen aber auch, um neue Förderer, Spender und Mitarbeiter zu gewinnen Der Übergang zur Bildungsarbeit ist dabei fließend, wenn es zu Veranstaltungen im Sinne von Kongressen, Vorträgen, Diskussionsrunden oder etwa Schulbesuchen kommt

Eine Frage ist nun, warum Organisationen wie die *Indianerhilfe Paraguay* in so geringem Umfang öffentlich auftreten. Hierfür gibt es mehrere Antworten a) die *Indianerhilfe Paraguay* führt ausschließlich Projekte durch, die vom Bundesministerium für wirtschaftliche Zusammenarbeit und Entwicklung (BMZ) gefördert werden (diese Förderungen betragen in der Regel 75% des Gesamtvolumens[206]). Sie ist also in einem wesentlich geringeren Maße auf Spendengelder angewiesen, als dies bei den vollständig unabhängigen Organisationen der Fall ist; b) als eine Organisation der praktischen Projektarbeit geht es ihr weniger um Meinungsbildung, als um konkrete Hilfeleistungen, c) aufgrund ihrer Größe und den damit verbundenen personellen Kapazitäten, tritt die Öffentlichkeitsarbeit in den Hintergrund.

---

[206] Telefoninterview mit Dr. Johannes Hesse, Indianerhilfe Paraguay, 10 07 2001

Mitgliederschwund, bzw. ein rückgängiges ehrenamtliches Engagement ist ein Problem, mit dem viele NRO zu kämpfen haben. Dies widerspricht den Tendenzen, die Peter Glotz für den Bereich des Non-Profit-Sektors prognostizierte (s Punkt II 1 3). Alle Organisationen sind bemüht, mit ihrer Öffentlichkeitsarbeit gegen diese Entwicklung anzukämpfen Ihnen ist klar, daß sie ohne jene freiwillige Arbeit, auf der ein Großteil ihres Wirkens basiert, wenig erreichen können Viele Vereine versuchen, den Bereich Mitgliederwerbung, ebenso wie den Bereich Fundraising, auszubauen, bzw neue Fachkräfte für diese Gebiete zu gewinnen. Hier wird es interessant sein, weitere Entwicklungen zu verfolgen

Wichtig ist es, festzuhalten, daß ein charakteristisches Merkmal der Öffentlichkeitsarbeit vieler Nichtregierungsorganisationen, der Anspruch auf eine gesellschaftliche Aufklärung ist Daher ist die Bildungsarbeit einer der Punkte, die sie stark von der Öffentlichkeitsarbeit vieler (kommerzieller) Unternehmen und Institutionen unterscheidet. Auch wenn hier zwischen den einzelnen Organsiationstypen (Organisationen der Problemdefinition, des Agenda-setting, des Lobbying und der praktischen Projektarbeit) unterschieden werden muß, so haben doch alle einen Botschaft, die sie kommunizieren (und diskutieren) möchten Laut *Greenpeace* sind sie weniger daran interessiert das Ansehen ihres Unternehmens zu fördern, sondern mehr daran, Öffentlichkeit herzustellen (vgl Punkt III 3.) Dennoch gehört ein positives Image der Organisation zu den Grundvoraussetzungen für einen öffentlichen Zuspruch, ohne den ihre Arbeit, und sei sie noch so ehrenhaft, kaum existieren könnte Hier gilt es, in der Öffentlichkeitsarbeit die Balance zwischen einer angemessenen Selbstdarstellung und den inhaltlichen Zielen zu finden.

Für zukünftige Forschungsprojekte wäre eine genauere Betrachtung dessen, wie Nichtregierungsorganisationen von der Öffentlichkeit, also von ihrem Publikum, wahrgenommen werden, interessant. Punkte, wie etwa die Motivation ehrenamtlicher Mitarbeiter und Spender sollten untersucht werden. Ansatzweise konnten Wirkungen einzelner Aktionen aufgezeigt werden: Spendenergebnisse und Erfolge durch Unterschriften- / Briefaktionen wurden angesprochen; der „EMNID-Spendenmonitor" bietet, hierfür zahlenden Organisationen, ein Imageprofil. Insgesamt ist jedoch die tatsächliche Wirkung, wie auch das Ausmaß vieler öffentlicher Unternehmungen, relativ unerforscht. Kaum eine Organisation kann genau sagen, wieviele ihrer

Pressemitteilungen tatsächlich veröffentlicht wurden, wieviele Radio- und Fernsehbeiträge es zu der Organisation gab und wie hoch ihre öffentliche Präsenz tatsächlich ist.

Auch die Netzwerkarbeit und die Zusammenarbeit mit staatlichen Instanzen wäre ein durchaus interessanter Aspekt für weitere Betrachtungen. Einige der Ziele von Nichtregierungsorganisationen stimmen durchaus mit staatlichen Ideen überein Der Deutsche Bundestag z.B hat am 8. Dezember, nach der jahrelangen Lobbyarbeit des *Forum Menschenrechte*, die Gründung des *Deutschen Menschenrechtsinstituts* beschlossen. Ergebnisse, Untersuchungen und Berichte zu den seitdem unternommen Schritten (sowohl in der politischen Arbeit, als auch in der Öffentlichkeitsarbeit) existieren zum derzeitigen Zeitpunkt noch nicht

Die Möglichkeiten im Bereich der Öffentlichkeitsarbeit von Nichtregierungsorganisationen bieten ein großes Spektrum, jedoch müssen die oben genannten Probleme bewältigt werden. Eine breite Medienpräsenz ist heutzutage ebenso ein Muß, wie die Mobilisierung und Motivation ehrenamtlicher Mitarbeiter. Ein interner Drang nach einem möglichst professionellen, öffentlichen Auftreten macht sich innerhalb der Organisationen breit, gleichzeitig kann dieses Bestreben aber nur in begrenztem Maße durchgesetzt werden Eine Vertiefung des kooperativen Gedanken könnte hier eventuell neue Akzente setzen und finanzielle Ressourcen, personelle Kapazitäten, sowie Fachkenntnisse vereinen.

Nichtregierungsorganisationen haben in unserer Gesellschaft eine wichtige Rolle übernommen, in deren Ausführung sie eine Überwachung staatlicher Aktivitäten verfolgen und aktiv in das politische und soziale Geflecht eingreifen Ihre Öffentlichkeitsarbeit soll einen möglichst großen Teil dieser Gesellschaft erreichen, auf die entsprechenden Punkte hinweisen, Diskussionen anregen und zu (An)teilnahme motivieren und mobilisieren. Viele Organisationen habe in ihren Bemühungen durchaus beachtliche Ergebnisse erzielt, dennoch sollte aber bei Betrachtungen der Organisationsarbeit, einschließlich ihrer Öffentlichkeitsarbeit, die Frage nach einer internen Selbstkontrolle und nach der Überprüfung der eigenen Werte ebenso wenig vergessen werden, wie die Anmerkung, daß ehrenamtliches Engagement und freiwillige soziale Tätigkeiten eine staatliche Verantwortung nicht ersetzen dürfen. Für die

Selbstkontrolle sind Kodizes, wie der des *VENRO,* eine positive Maßnahme. Auch Zertifizierungen (z B. das Siegel des Deutschen Spendeninstituts, das dem Spender und Publikum Informationen zu Arbeitsweise und Seriösität der Organisation liefern soll) bieten eine Möglichkeit, die bisher nicht sonderlich ausgeschöpft worden ist. Im Rahmen dieser Arbeit konnten diese Zertifizierungen nicht weiter berücksichtigt werden, dennoch möchte ich hierzu anmerken, daß der Sinn des Siegels in Frage steht, wenn dieses mit weiteren finanziellen Kosten für die Organisation verbunden ist (was beim Deutschen Spendensiegel der Fall ist) Hiervor werden gerade die kleineren Organisationen zurückschrecken Hinzu kommt der recht geringe Bekanntheitsgrad solcher Siegel und Zertifizierungen innerhalb der Bevölkerung. Ihr Ziel der Transparenzerzeugung ist erst vollständig erreicht und für die Organisationen zum vollen Nutzen, wenn das Publikum sich dieses Instruments und der damit verbundenen, eigenen Möglichkeiten bewußt ist Dies scheint derzeit nicht der Fall zu sein.

Nichtregierungsorganisationen sind auf einen öffentlichen Zuspruch und auf eine breite, öffentliche Unterstützung angewiesen. Ihre Möglichkeiten auf diesem Gebiet scheinen noch nicht erschöpft. Der größte Kampf gilt finanziellen und personellen Nöten. In ihrer Kontroll- und Ergänzungsfunktion zu staatlichen Instanzen übernehmen sie eine wichtige Aufgabe Nichtregierungsorganisationen sollten aber nicht als ein, für den Staat kostengünstigeres, Ersatzmodell staatlicher Maßnahmen mißbraucht werden oder eine Alibifunktion des gesellschaftlichen Gewissens übernehmen. Dennoch kann die Aufklärungs-, Öffentlichkeits- und Bildungsarbeit einer Organisation zu einem steigenden (Verantwortungs)bewußtsein einer Gesellschaft beitragen, wenn sie sich nicht ausschließlich auf den „Sensations-" und „Spektakel"-heischenden Weg der Öffentlichkeits- oder eher Publicityarbeit beschränkt sondern ein möglichst symmetrisches Kommunikationskonzept, also den Austausch mit dem Publikum, verfolgt.

Literaturverzeichnis

amnesty international *Aktion des Monats August 1999, Fall Mohammad Saleem*; in ai-Journal 8/99, S. 23

amnesty international· *Eine Information über amnesty international*, Bonn 1991

amnesty international *Das Jahr `99*, Bonn 2000

amnesty international *ai-Journal*, Bonn

amnesty international. *Handbuch Mandat 3, intern – nur für Mitglieder*, Bonn

amnesty international: *Satzung*, Bonn 2000

amnesty international: *Statute of amnesty international*, Kapstadt, Dezember 1997

Alexander, Jeffrey C *The Mass News Media in Systemic, Historical and Comparative Perspective*, in Ders · Action and its environments, Columbia University Press, New York 1988

Apel, Helmut: *EMIND-Spendenmonitor 1995*, EMIND – Institut GmbH & Co , Bielefeld 1995

Bauer, Gernot: *ECON Handbuch Öffentlichkeitsarbeit*, ECON, München 1993

Becher, Martina: *Moral in der PR?*, VISTAS Verlag, Berlin 1996

Bergstedt, Jörg „*NGO*", im Internet http //www thur de/philo/uvungo html, 21.01.2001

Von Beyme, Klaus: *Neue Soziale Bewegungen und politische Parteien*; in Aus Politik und Zeitgeschichte Beilage der Wochenzeitung DAS PARLAMENT 44/1986

Brennecke, Reinhardt / Weber, Erika: *Erfolgsfaktor Öffentlichkeitsarbeit – Ein Leitfaden für die PR-Arbeit von Vereinen und Verbänden*, Friedrich Ebert Stiftung, Bonn

Bundesministerium für wirtschaftliche Zusammenarbeit. *journalistenhandbuch*, Bonn 2000

Cooper, Katrin: *Non-Profit Marketing von Entwicklungshilfeorganisationen*, Deutscher Universitaets-Verlag, Wiesbaden 1985

Curran, James. *Media Organisation in Society*, Arnold, London 2000

Deutsches Rotes Kreuz: *Regiebroschüre 2001*, Bonn 2000

Deutsches Rotes Kreuz: *Satzung*, Bonn

Etzioni, Amitai· *The Active Society: A Theory of Societal and Political Processes*, Free Press, New York 1968

Europäische Kommission: *Euro Barometer. Die öffentliche Meinung in der Europäischen Union. Bericht Nr. 54*, Amt für Veröffentlichungen der Europäischen Gemeinschaft, Luxemburg 4/2001

Europäische Kommission: *Das Europäische Beobachtungsnetzwerk für KMU –Sechster Bericht*, Amt für Veröffentlichungen der Europäischen Gemeinschaft, Luxemburg 2000

Friedlander, Felix: *Online-Medien als neues Instrument der Öffentlichkeitsarbeit*, Westfälische Wilhelms-Universität, Münster 1999

Fuchs, Peter / Möhrle, Hartwin / Schmidt-Marwede, Ulrich (Hrsg.): *PR im Netz – Online Relations für Kommunikations-Profis. Ein Handbuch für die Praxis*, F A Z.-Institut für Management, Markt und Medienkommunikation GmbH, Frankfurt 1998

Gesellschaft für bedrohte Völker: *Arbeitsbericht 2000 – März 2001*, Göttingen 2001

Gesellschaft für bedrohte Völker *Für eine Zukunft ohne Völkermord*, Göttingen

Gesellschaft für bedrohte Völker. *POGROM*, Göttingen

Gesellschaft für bedrohte Völker: *Satzung*, Göttingen

Glotz, Peter Non-*Profit-Organisationen in der beschleunigten Gesellschaft*, Vortrag im Rahmen des 7 Deutschen Fundraising-Kongress, Leipzig, 07.04 2000

Greenpeace. *Informationsmaterial und Ausstellungen*, Hamburg, Juni 2000

Greenpeace *Jahresbericht 2000*, Hamburg 2001

Greenpeace Deutschland *Greenpeace Magazin*, Hamburg

Greenpeace Deutschland: *Greenpeace Nachrichten*, Hamburg

Greenpeace *Satzung*, Hamburg

Grunig, James E. / Hunt, Todd *Managing Public Relations*, Hot, Rhinehart and Winston, New York 1984

Habermas, Jürgen. *Kultur und Kritik*, Surkamp Verlag, Frankfurt a M 1973

Habermas, Jürgen *Strukturwandel der Öffentlichkeit*, Suhrkamp Verlag, Frankfurt a M 1990

Hill, Kimberly J.: *Beyond the Numbers: A Case Study of the 1990 Census - Promotion Program and the Implications for Census 2000*, Chapter III Methodology *One-Way vs. Two-Way Communication.* Im Internet: http://www.aus.edu/cronkite/thesis/kimhill/methods.htm., 1.5 2001

Hirsch, Joachim: *Das demokratisierende Potential von Nichtregierungsorganisationen*, Reihe Politikwisssenschaft / Political Science Series No 65, Institut für Höhere Studien, Wien 1999

Hundhausen, Carl *Public Relations. Theorie und Systematik.*, Walter de Gruyter, Berlin / New York 1969

Indianerhilfe Paraguay· *Satzung*, Wedemark

Kinnebrock, Wolfgang: *Integriertes Eventmarketing – Vom Marketing-erleben zum Erlebnismarketing*, Forkel-Verlag, Wiesbaden 1993

Knaup, Horand. *Hilfe, die Helfer kommen. Karitative Organisationen im Wettbewerb um Spenden und Katastrophen*, Verlag C.H. Beck, München 1996

Kneip, Ansbert. *Ein Dorf namens Babylon*; in: Der Spiegel, 11/99, S 128-131

Kreis-Muzzulini, Angela: *Medienarbeit für soziale Projekte: ein Leitfaden für die Praxis*, Verlag Huber, Frauenfeld/ Stuttgart/ Wien 2000

Luhmann, Niklas. *Gesellschaftliche Komplexität und Öffentliche Meinung*, in: Ders. Soziologische Aufklärung 5. Konstruktivistische Perspektiven, Westdeutscher Verlag, Opladen 1990

Lax-Engel, Britta. „*Was ich kann, ist unbezahlbar*"; in ai-Journal. 1/2001, S. 16-19

Naße, Katja: *Charity TV in Deutschland*, ISL-Verlag, Hagen 1999

Neidhardt, Friedhelm (Hrsg). *Öffentlichkeit, Öffentliche Meinung, Soziale Bewegung*, Westdeutscher Verlag, Opladen 1994

Neuhoff, Klaus: *Nonprofits weiter im Aufwind – 450.000 Vereine im Lande*, bsm-Newsletter, 2/1999

OECD: *Politik und Leistungen der Mitglieder des Ausschusses für Entwicklungshilfe – Deutschland*, Paris 1995

Pfeifer, Karl-Ernst: *Nichtregierungsorganisationen – Protagonisten einer Entwicklungspolitik?*, Lit Verlag, Hamburg / Münster 1992

Radow, Birgit / Krüger, Christian: *Öffentlichkeit herstellen*, in: Greenpeace· Das Greenpeace Buch, Verlag C.H. Beck, München 1996

Robinson, Scott P · *Media-Agenda-Setting*, im Internet http://www niu.edu/newsplace/agenda.html, 10 5.2001

Ronneberger, Franz: *Legitimation durch Information*, 1977; in Haedrich, Günther/ Bartenheier, Günter/ Kleinert, Horst (Hrsg.)· Öffentlichkeitsarbeit Dialog zwischen Institutionen und Gesellschaft., Walter de Gruyter, Berlin / New York 1982

Schneider, Bertrand: *Die Revolution der Barfüßigen (Ein Bericht an den Club of Rome)*, Europa Verlag, Wien 1986

Schröder, Gerhard: *Regierungserklärung des Bundeskanzlers*, Bonn, 10. November 1998

Urselmann, Michael: *Zunehmender Verdrängungswettbewerb auf stagnierendem Spendenmarkt;* in: bsm-Newsletter 4/ 2000

terre des hommes: *die zeitung*, Osnabrück

terre des hommes: *Jahresbericht 1999*, Osnabrück 2000

terre des hommes: *Satzung*, Osnabrück

VENRO *VENRO Kodex 'Entwicklungsbezogene Öffentlichkeitsarbeit'*, Bonn

Voltmer, Katrin: Mass Media: *Political Independence of Press and Broadcasting Systems*, Discussion Paper FS IIII 93 – 205, Wissenschaftszentrum Berlin, 1993

Quellen im Internet:

http.//www amnesty.de/i_suche htm, 18 03.2001

http.//www asu.edu/cronkite/thesis/kimhill/methods.htm, 21.05 2001

http·//www.bundesregierung.de/frameset/index.jsp, 12 02 2001

http://www.dradio.de/cgi-bin/user/fm1004/es/neu-artikel19/, 17.03 2001

http.//www.drk.de/aktuelles/hitparade2001/inhalt htm, 12.03.2001

http://www.dsk.de/drs/0.htm, 12.01.2001

http.//www.dsk.de/rds/rdsstati.htm, 11.12.2000

http·//www.dsk.de/rds/08976033.htm,11 12.2000

http://www.edu cronkite/thesis/kimhill/methods.htm, 01.05.2001

http://www.europa.eu.int/comm/civil/pdfdocs/cpmaj03fin pdf, 23.02 2001

http·//www faz-verlag.de/IN/Intemplates/verlag/overview asp?rub.htm, 04 05.2001

http.//www.greenpeace.de/cgi-bin/gp_suche/user/suche cg, 18 01.2001

http://www.hdf.de/cgi-bin//site_active pl?TEMPLATE=/freunge/umfrage/index htm, 31.03.2001

http //www.ideereich.de/DieterHerbst/Themen/pr/pr-lit.htm, 18 04 2001 http.//www neue-bundeslotterie de/ueberuns/ueberuns htm, 15.04.2001

http.//www ndr de/presse/archiv/200002012 htm, 15 04.2001

http //www.niu.edu/newsplace/agenda.htm, 10 05.2001

http·//www.oneworldweb.de/tdh/themen/weed.htm, 16.01 2001

http·//www.paritaet.org/bengo/1100.htm, 07.02.2001

http //www rotkreuz.de/oeffentlichkeitsarbeit/wrkt2001/freiwillige.htm, 01.04 2001

http.//www sozialmarketing.de/zahlen.htm, 16.03.2001

http·//www.thur.de/philo/uvungo html, 21 01 2001

http://www un.org/partners/civil-society/ngo/ngos-dpi htm, 11.01 2001

http://www.sozialmarketing.de/zahlen.htm, 20.12.2000

http://www spiegelgruppe.de/medienangebot/index htm#medienangebot/spiegel/auflage.htm, 04.05.2001

http://www venro.org/fr-rbrief html, 21.12 2000

http.//www.waz de/free/waz.service.set-000.html, 04.05 2001

http //www zdf.de/ratgeber/index htm, 15.04.2001

http·//www.zdf.de/unterhaltung/michael-jackson/17673/index.htm, 15 04 2001

http://www zdf.de/wissen/index htm, 15.04.2001

http.//www.zdf.de/wissen/preisdermacht/37130/index.htm, 15.04 2001

Anhang

Liste der Kontaktpersonen und Gesprächspartner

Telefoninterviews:

Indianerhilfe Paraguay:

Dr. Johannes Hesse: Geschäftsführer, Telefoninterview am 10 07.2001
Tel · 05130 – 582 674; Email· Indianerhilfe@t-online.de

Gesellschaft für bedrohte Völker

Sandra Schillikowski: Kampagnen und Aktionen, Telefoninterview am 28 04.2001
Tel.: 0551 – 499 06 – 17; Email· aktionen@gfbv.de

Schriftverkehr / Beantwortung schriftlicher Anfragen / Fragenkataloge:

amnesty international:

Wera Reusch·
Einzelanfragen, Juni 2001
Wera.Reusch@amnesty.de

Stephanie Schröder: PR, Werbung und Aktionen
Beantwortung von Einzelanfragen, Februar / März 2001
sschroeder@amnesty.de; Tel..

Deutsches Rotes Kreuz:

Antje Brack: Pressestelle
Fragenkatalog, Mai 2001
bracka@drk.de, Tel   030 – 854 04 - 160

Patrick Jansen· Inernet und Onlinemarketing
Einzelanfragen, Februar 2001
Email jansenp@drk.de; Tel · 030 – 854 04 - 178

Greenpeace:

Stefan Krug. Koordinator Pressestelle
Einzelanfrage, Februar 2001
Anschrift: Greenpeace e.V., Große Elbstraße 39, 22767 Hamburg,
Tel.: 040 – 30 88 99 0, Email· stefan krug@greenpeace.de

Kristine Läger-Kiehne: Kommunikation und Service
Einzelanfrage, Februar 2001
Anschrift· Greenpeace e.V., Große Elbstraße 39, 22767 Hamburg,
Tel.: 040 – 30 88 99 0

terre des hommes:
Cornelia Dernbach Pressereferat
Fragenkatalog, Mai 2001
Email cdern@tdh de, Tel 0541 – 71010

ZDF:

Birgit Göller
Angaben zu dem Konzert „Michael Jackson and Friends", April 2001
Goeller B@zdf de

Autorenprofil

Kerstin Dopatka
Hans-Sachs-Straße 21
50931 Köln
Tel   0221 – 9543 098 / 0178 – 45 89 255
Email kerstindopatka@netscape net

Kerstin Dopatka, geboren 1974 im Ruhrgebiet

Studium der Kulturwissenschaft, Anglistik & Romanistik in Bremen

1995 – 1996 Auslandssemester in Valencia, Spanien

Während des Studiums Praktikantin und Werksstudentin in der Öffentlichkeitsarbeit von Industrieunternehmen, Theater, Plattenlabel, Werbeagentur

Bisherige Tätigkeiten als freie Texterin und Journalistin, in der Sozialforschung und der interkulturellen Begegnung

Heutige Interessenschwerpunkte Interkultureller Austausch, Menschenrechte, Sozialgeschichte Lateinamerikas, alternative Unternehmensphilosophien; Aufbau von und Kooperationen in Netzwerken

Derzeit Arbeit an einem Reiseführer, freie Journalistin und Texterin, Fortbildung und freiberufliche Tätigkeiten im Bereich des interkulturellen Austausches

Diplom.de

Die Diplomarbeiten Agentur vermarktet seit 1997 erfolgreich Wirtschaftsstudien, Diplomarbeiten, Magisterarbeiten, Dissertationen und andere Studienabschlußarbeiten aller Fachbereiche und Hochschulen.

Seriosität, Professionalität und Exklusivität prägen unsere Leistungen:

- Kostenlose Aufnahme der Arbeiten in unser Lieferprogramm
- Faire Beteiligung an den Verkaufserlösen
- Autorinnen und Autoren können den Verkaufspreis selber festlegen
- Effizientes Marketing über viele Distributionskanäle
- Präsenz im Internet unter **http://www.diplom.de**
- Umfangreiches Angebot von mehreren tausend Arbeiten
- Großer Bekanntheitsgrad durch Fernsehen, Hörfunk und Printmedien

Setzen Sie sich mit uns in Verbindung:

Diplomica GmbH
Hermannstal 119k
22119 Hamburg

Fon: 040 / 655 99 20
Fax: 040 / 655 99 222

agentur@diplom.de
www.diplom.de

Diplom.de

- **Online-Katalog**
  mit mehreren tausend Studien

- **Online-Suchmaschine**
  für die individuelle Recherche

- **Online-Inhaltsangaben**
  zu jeder Studie kostenlos einsehbar

- **Online-Bestellfunktion**
  damit keine Zeit verloren geht

**Wissensquellen
gewinnbringend nutzen.**

**Wettbewerbsvorteile
kostengünstig verschaffen.**

1046419

Printed in Germany by
Amazon Distribution
GmbH, Leipzig